戦争政治家 東條英機と近衛文麿

15歳少年飛行兵が94歳で言い遺すこと

清水昭三
Shozo Shimizu

彩流社

目次

I　東條英機と近衛文麿の戦争政治――自覚なき無責任性

はじめに

日常生活の中で、ものごとに対し善悪の判断が認識できる人は、徳のある人物だと思うのです。自分という主体があるからです。

そうでない人は、なにごとにおいても責任というものをまったく感じないのです。こうした人に限って、個人的人権がどうのこうのと言い張るように思われます。国の大事な主権などに思いは少しも及ばないのです。

国の主権がまだ完全に復帰していないのを準国家と言います。日本はこれに当たるのです。日本にとって一番大きな戦争責任のその責任のとり方の誤りの始めは、当時、今上天皇（昭和天皇）の退位がなされないことでした。

以後、日本人はこれに習い、各自責任回避の習性で、戦後七七年もの間うち過ごして来たといっても、いい過ぎではありません。

私の少年時代は、日露戦争は遠い昔のことにしか思えませんでした。例えば近所のお爺さんが負傷した足を引きずる姿であったり、戦死による補償で家を新築したとかの噂話などが象徴的でしかありませんでした。

　こう考えると昭和の終わり頃から平成時代に生をうけた世代にとって、「昭和一四年間戦争」なども、遠くの霧の中に消えてしまったようにしか思えないのも理解できない訳ではありません。ただ、毎年八月恒例の如く原爆反対、戦争反対、平和擁護の一時的な声の盛り上がりが繰返されるだけで、何故そんな戦争になったのか、その戦争責任はどうなっているのだ、という深掘りの論理に、思想に、発展しないのは不思議でもあり、またもの足りなくただただ歯痒い限りです。

　裏に無責任を許し、表面に今日只今の平和至上の声となって聞こえてくるのは、どうしてでしょうか。しかし、この声には自国の独立自尊の思想は一片たりとも見られません。なおこのような世相は、このあともなお百年一世紀と続くのでしょうか。

　ところで私は戦争責任論を、なにはともあれ問題の第一の原点と定め、これを根拠として考えてみたいと思うのです。

一　東條英機画集出版の力

A5サイズの聖戦画貼があります。書名は『戦ふ東條首相』です。著・編は小田俊與という人です。画集ですからむろんカラーです。昭和一八年四月一五日に発行されたものです。五万部発行の一冊が、私の手元にあるのです。印刷所も出版社も一流です。共同印刷と博文館です。定価は二円八〇銭ですが、私はこれを平成六年、神戸市の間島一雄書店で、一万円で求めたのであります。

こんな豪華なものが、戦時中の統制されていた中で、よくも出版されたものかと驚くのは私ばかりではないでしょう。画集の名前通り、時の総理大臣は東條英機であったがために、この出版は許されたものでしょう。それにしても当時の鏘鏘《そうそう》たる画家たちに総動員をかける実力者の小田俊與という人物は……。

残念ながらこの人を私は全く知らないのです。よく見ますと画集の中に、「東條兵団」という詩、五連が一八～一九ページにまたがり発表されているのです。全詩を紹介できませんので、最後の五行のみを写します。

あゝ赫《かく》々の察哈爾《チヤハル》戦
白草原敵兵《ひと》絶えて
馬首撫づる人是誰ぞ
世界戦史に名を刻む
名将亀鑑《きかん》東條英機

画の説明を編者の小田俊與がしているのは可とするも、画集の中に自分の詩をこのように臆面もなく掲げるのは、いかに東條英機を崇拝しているかの証拠です。この画集出版の計画は「戦ふ東條首相」ですから、この同名の詩も、上田直次の絵は四分の三に縮小し、余白をつくりそこに自分の詩を次のように発表しております。

大詔承けて人類の　黎明《れいめい》築く大使命
果さん日まで海陸に　萬朶《ばんだ》と散らん若桜
凄絶《せいぜつ》悲壮皇兵の　至誠に応《こた》ふ東條英機

英米撃たん生産の　銃後も同じ戦場ぞ
一死捧げし同胞《はらから》の　打揮《うちふ》る腕《かいな》火と燃えよ
凄絶《せいぜつ》悲壮一億の　陣頭に立つ東條英機

御稜威《みいつ》の加護《かご》は我にあり　神風正に吹きませり
醜の米英いかでかは　日出づる国に贏《か》ち得べき
見よ揺ぎなき必勝の　信念完たり東條英機

題字「至誠奉公」は外務大臣情報局総裁谷正之の書です。また国務大臣大政翼賛会副総裁安藤紀三郎は、「蹇々匪躬《けんけんひきゅう》」と共に毛筆です。

画集の表紙は、芸術院会員の有島生馬の作です。画集の数数の東條英機の中で、この表紙絵が一番大きくて本人によく似ています。当時の有名な画家たち二四名が、東條英機の姿を追っているのであります。

小田俊與という人は、詩人だったのでしょうか。当時、つまり昭和一六年頃は有名な人物だった筈です。私が知らないだけだと思います。詩人という姿で、情報局にも深い関係があったのでしょう。情報局へ自由に出入り出来て、その総裁の下で、このような画集出版の企画を立案し、許可を得て堂堂と出版し、多分、この後東條本人からも過分の評価を手にしていたのかも知れません。

小田俊與の背後には、天下を睨む鬼より怖い情報局があり、彼の要求を拒むことは出来なかったのでしょう。いったい画家になるような人は、脱社会性に富み、権力がきらいで、自由が好きな人生を歩むのを地で行くものです。

明けても暮れても東條首相と宣伝した、この小田俊與の人生を、私は知りたいと思いません。

この画集の最後のページには、小田俊與作詞（詩）「東條兵団」となお画集二ページに亘る「宣戦の大詔を拝し奉りて――東條首相の放送」なる六連の詩もあって、これらに大村能章という音楽家に作曲させてもいるから、この画集は東條首相を逆に使って、自分を世に売り出しているようにも思えてなりません。画家たちは、二重に大変好い迷惑を被ったのかも知れません。しかし、色紙を寄せた二人の大臣は、いい気分でしょう。どだい「蹇々匪躬」など読めません。わが身をかえりみず君主に忠節を盡す、という意味なのです。

私が何故、この本をあえて古書店から求めたかです。近代、現代の歴史書の中に、東條英機は定着しています。戦記物の中にも東條英機が登場します。しかし、画集の東條英機はどんなに描かれているか、ちょっと興味が湧きました。

ある意味で東條英機を忘れてはならない人物だと、私は考えてきました。小田のような東條を神の如く敬慕崇拝する人物を知るだけでも、参考になりました。

画集の有島生馬たちだけではありません。

人物東條英機を描け、のみではありません。戦争画を描けと要求された画家たちは、他にも大勢いたのです。画集の「あとがき」は、「生きた戦陣訓」の題名であります。描かれた東條首相の姿が、そのまま「生きた戦陣訓」という意味のようです。しかし藤田嗣治とか小磯良平とか猪熊弦一郎などの絵は、従軍先の体験から描くが如しです。この画集とは無縁です。

藤田嗣治の「アッツ島玉砕」「血戦ガダルカナル」は、戦争画としての名作、芸術作品だと私は思うのです。宮本三郎の「山下・パーシバル両司令官会見図」は、私は山下将軍批判の絵だと思うのです。日露戦争下の「乃木将軍とステッセル将軍」の会見との比較からの批判ではないかと、ついそのように私は考えてしまうのです。私は宮本三郎の抵抗精神を絵の中に読み取るのです。いち小田俊與に屈した画家たち以上に、従軍画家が戦争の絵画を描くこと、描いたことを簡単に非難など出来るものではありません。

戦争は画家や作家まで従軍させたのでしょうか。陸軍にも海軍にも報道部がありました。カメラがありながら、絵を描け、レポートを書けとなぜ命じていたのか、その理由は、リアリズムにあります。絵画も文章も表現の誇張が効きます。場合によっては、粉飾さえ可能です。カメラが写す対象は、勝敗に関係なくその瞬時を定着させるので、都合の悪い場合があります。戦争画が必ずしも芸術作品でないにしろ、また小田俊與著・編の『戦ふ東條英機』の画集にしても、戦争時代の貴重な記録であります。

佐々木信綱序、柳田新太郎篇の『大東亜戦争歌集　愛国篇』（天理時報社昭和一八・二・一一）なども、今は貴重な本です。大本営海軍報道部課長平出大佐のオビ評つきです。川田順、斎藤茂吉、相馬御風、土屋文明、松村英一等等、勢揃いです。こんなことに何故こだわるのか。私も当時一三、四歳とはいえ、戦争は勝つ、神の国は不敗の歴史だと教えられていましたから。当時の知識人の大人に関心があるのです。

敗戦時、東條英機は蛇蝎《だかつ》の如く非難されておりました。あの小田の画集などは、早早に消失していった筈です。ところが一九八〇年頃からボツボツ東條英機についての書が出版されたのです。もちろん私は、すぐさま入手しました。そうした本の中から、私の注目したところだけを書き出して置きたいという欲望が湧きました。老齢九一歳になったせいかも知れません。

そればかりの理由ではありません。「昭和一四年間戦争」の責任問題の解明が、なされていないのです。いないからです。戦争指導者の責任は、重大です。またこれを許した国民の責任も忘れてはなりません。むろん戦争時代に生をうけていない世代が無関係だと、逃げきる問題でもありません。逃げてはならない日本国民の重大な問題です。

敗戦直後、戦勝国側の前で、国是の問題であったのに、相手国に任せ日本人は未解決のまま、これを回避し、今に至っているありさまではありませんか。戦争責任問題を……。

二　東條英機自決失敗の様子

佐藤早苗が『東條英機わが無念』（光文社一九九一・一一・二五）に、東條逮捕について書いております。

九月十一日午後四時、東條家はMPや米兵たちに突然包囲され、マッカーサー元帥の命令を持った憲兵は「トージョー、お前を逮捕する」と乗り込んで来たのだ。これは明らかな約束違反であった。

東條に思考する時間はなかった。とっさに日頃の信念に従った。それは妻かつ子にも平素から言っていたことである。「自分は生きて虜囚の辱《はずかしめ》を受けず、という戦陣訓を作った本人だ、米軍が礼を守って迎えるなら、戦争責任者として堂々と法廷に立ち、自分の立場を主張する。しかし、罪人扱いをするようなら自決するつもりだ」であった。

この前後を俯瞰的に書いているのは、平野素邦の『戦争責任我に在り』（光文社一九九五・六・三〇）

であります。

東條英機元陸軍大将の突然の逮捕と自殺未遂事件。昭和二十年九月十一日のことだ。その翌日の夕刻、東條の片腕だった嶋田繁太郎《しまだしげたろう》元海軍大将が逮捕された。日米開戦時の東條内閣で海軍大臣を務めた人物である。

同じころ、午後五時五十分、第一総軍司令官杉山元《はじめ》元陸軍元帥が、司令官室で、拳銃自決した。開戦時の参謀総長である。四発の拳銃弾を左胸部に撃ち込んでの最後だった。夫元帥自決の報を自ら電話で聞いた啓子夫人は、離れの仏間で左胸を短刀でひと突き、夫に殉じた。軍国日本の最後の十一月十九日、荒木貞夫元陸軍大将ら十一名の戦争犯罪人逮捕命令が、連合国軍総司令部から公表された。そのうちの一人、満州事変当時の関東軍司令官、本庄繁元陸軍大将は翌二十日に自決した。

矢つぎ早に戦犯逮捕の嵐が吹き荒れた。

嵐はさらに続く。十二月六日、昭和天皇の側近だった近衛文麿《このえふみまろ》公爵、木戸幸一侯爵にも逮捕命令が出された。それぞれ首相、内大臣という要職にあった人物だ。十日後の十六日、巣鴨拘置所へ出頭する朝、近衛文麿は白装束姿で覚悟の服毒自殺をとげた。冬枯れた東京・杉並にある荻外荘《てきがいそう》（近衛邸）の一室。気弱な貴公子の死は、敗戦哀歌のひとこまであった。

生きて裁きを受けようとする者。死して責任を取ろうとする者。人、それぞれの運命を選んだ指導者たちの中にあって、武人として自決を試みた東條元大将は、奇跡的に一命を取りとめた。が、生き返った東條。死にそこなった東條。なんたることだ。阿南《あなみ》を見よ。「一死以て大罪を謝し奉る」との遺書を残して、みごと割腹したではないか。杉山元帥またしかり、夫に殉じた杉山夫人のけなげさを見よ。東條に対する非難は「戦犯容疑者」という烙印への憎悪をも加えて、日に日に強くなっていった。終戦時の陸相だった阿南惟幾《これちか》大将は、終戦の日の早朝、陸軍官邸で自決している。

三国同盟の相手方の末路も悲劇的でありました。イタリアのムッソリーニは、愛人と共にイタリア国民に殺されました。ドイツのヒットラーはやはり愛人と自殺したのですが、一方ロシアのスターリンは、日ソ中立条約を裏切って、日本を攻撃し、世界の唯一独裁者として君臨しました。しかしその彼も妻の自殺の原因をつくり、息子はドイツ軍の捕虜で自殺、娘はアメリカへ亡命という情けない人生ではありませんか。

ムッソリーニが失脚したあと、つまり昭和一八年八月一一日、東條首相はタイ国の外務大臣ヴヂットと会談しております。その時の東條の発言の一部を記録しておきたいと思います。その記録は『東條内閣総理大臣機密記録』（東京大学出版会一九九〇・八・一五）からの引用です。

現在独乙の作戦は兵力の余裕を持ちつつ戦はんとするにあり。南方に対しても計画を建て全国に大動員を行ひ、戦争必需品生産拡充に努力しつつあり。如斯独乙は堅実なる作戦、兵力の余裕、生産能力の充実に加ふるに精神力の旺盛なることを考ふれば戦争遂行の能力あり。独乙は、「ヨーロッパ」の要塞に英米をひさつけ、これを撃滅するの作戦に出づべし。次に伊太利其れ自身の態度なるが、政変後伊太利としては、やはり三国同盟の中に在り。然らずんば自滅の他なしと自覚し、昨今は戦争を続けて遂行すると云ふことに決定し、其自覚明となれり。独乙としては、伊太利をして依然協力せしむると云ふ政策に出で居るは当然なり。但し万一伊太利が刀折れ矢尽き倒れたりとするも、独乙として何等動揺することなかるべし。何となれば、これは独乙の予想せる処にして、独乙としては最後の腹は出来居るを以てなり。要するに伊太利の政変は政治的には枢軸側にとり不利なるも作戦的には悲観するに当らず。

　日本は始めに申上げたる通り、東亜に於ては英米共に来襲するとも、これを爆破するの確信あり、既に大勢は決定せるを以て不安なし。

イタリアの政変でムッソリーニの失脚の直後、東條英機はタイの外務大臣に、このように自信満満と話しております。

しかし日本陸軍はガダルカナルから二月に撤退を始めていました。四月には連合艦隊司令長官山本五十六大将がソロモンへの上空で戦死しております。タイ国の大臣を煙にまいていても、この直後日独共同声明を出したり、ムッソリーニ亡き後の三国同盟の再確認をしなければなりませんでした。そして暮れには学徒動員令で、大学生を軍隊に送り込むのでありました。東條の「不安なし」は、決して相手を煙にまいたのではなく、そう信じていたことが私にもだんだんと理解できるようになりました。認識の問題です。

東條英機は陸軍大臣の時に、悪評高い「戦陣訓」を制定しました。しかし本人とすれば陸軍軍人が、いや全軍人がもっと人間的道徳的にならねばならぬの気持ちから、これを制定したのです。昭和一六年一月のことです。

ながい中国との戦いで、軍紀が乱れ、将兵たちは上も下も戦場生活で退廃したのです。これは、中国大陸前線だけの話ではありません。軍全体の問題としても、「戦陣訓」の必要を感じたのでしょう。教育総監今村均に、依嘱、起草させ、文章の訂正には、島崎藤村や土井晩翠なども協力したということです。

土井晩翠といえば、あの『戦ふ東條首相』の画集の中に登場しているたった一人の有名詩人です。多分小田俊與の尊敬していた詩人でもありましょうか。詩人の「東條首相に寄す」全二九行が五連形態の展開です。このうちの第四連を引用します。

未曾有の対局、其衡當る
何らの幸運、東條首相
世界の史上にその名は朽ちず
何らの重責、東條首相
祖国の存亡其の手に握り

東亜の興廃その肩擔ひ
十億アジアの民族率う

「戦陣訓」は屋上屋を架するが如きものです。なぜならすでに「軍人勅諭」が、明治一五年に制定されておりましたから。参議兼参謀本部長山県有朋の発案、西周《あまね》が起草したものです。井上毅《こわし》や福井源一郎が手を加えて仕上げ、天皇の名でこれを発布しました。

軍人には忠節、礼儀、武勇、信義、質素などがなにより大切だ、天皇はお前たちを股肱《ここう》と頼み、またお前たちは天皇を頭首と仰げよ、と諭したものであります。この考えが明治憲法の太い骨となっていくのでありました。

反東條の軍人たちは「戦陣訓」に反対でしたが、これを知って感動した者もまたおりました。詩人で作家の林芙美子は、子供にも読みやすいように、分かりやすいようにして、教えて貰いたい趣旨のエッセイを書きました。

「戦場ノ道義昂揚ばかりでなく、銃後民衆の道義昂揚訓としても、これは立派な日本の聖典とぞんぜられます」と。

銃後の内地日本も道義は荒廃していたことを、林芙美子は見ていたのです。

自作の「戦陣訓」のように死ぬことのできなかった東條の自殺未遂事件を客観的により正しく記述しているのは、矢次一夫の文章です。少し長いけれどもつぎに引用して置きます。

東條の逮捕を命ぜられて、東條邸に向かった者は、ポール・クラウス少佐と二世の大尉、三人の中尉と一人の特務員に指揮されていたという。この連中は、九月十一日午後四時に、多摩川地区の東條家に到着したが、玄関で張番中の日本側警官と接触し、東條に会いたい、と申し入れたのに、警官が、六分位して玄関に現れた。そして何か証明書を持っているか、とクラウス少佐に問い、持っている、という返事が東條に取り次がれ、東條が、然らば責任者だけに会う、と答えた。これらのやりとりは、すべて鍵のかかった扉越しで行われたのだが、この間逮捕隊が到着してからざっと十二分を要していた。

そして、やりとりが終わってすぐ、不意に東條が、玄関の右側から顔を見せ、「私が東條大将である」と名乗り、かつ通訳を通してクラウス少佐に、これが正式の逮捕なのかどうかを、繰り返し質問した。クラウスは、自分は、東條を横浜に連行するよう命じられている。したがって、すぐ旅行の支度をするように、と答えている。東條は、「同意」の旨を言い、窓を閉めた。

クラウスと他の将校たちは、玄関の所に帰って、東條の出てくるのを待ったが、ときに午後四時十七分であった。突然、家の中に銃声がとどろいたので、クラウスと、ウィルバーズ中尉とは、直ちに玄関の扉をこわし中に入ったが、玄関左側に通ずる扉にも、鍵がかけられていた。ウィルバーズはドアの羽目板を蹴破り、ドアの後にドアを補強するためにおかれていた家具類をどけた。見ると、東條は、左脇をドアの方へ向けて、深々とした椅子に腰掛けていたが、自分で射った心臓直下の傷口からは、血が吹き出していた。彼はまだ意識があり、右手にピストルを握っていた。クラウスは、東條にピストルを捨てるように言い、彼はポトリとそれを手離した。ウィルバーズは、椅子の反対側に廻って拾い上げたが、これは、アメリカ軍飛行士に与えられているのと同型の、〇・三二口径のコルトであった。アイケルバーガー中将の書翰によると、東條は、陸軍省から貰ったものだと言っていたそうだが、このピストルは、東條の養子古賀少佐が、八月十五日、自殺したときに使ったものと同一ということであった。

ウィルバーズは、東條から手の届くところに置かれたテーブル上の〇・三五口径ピストルと、白布で覆われた抜身の切腹用刀とを取り上げた。また家人たちすべて監視下に置かれ、隣接する諸部屋も、「CICというサイン入りの紙」で封印した上で、クラウス少佐は、日本警察に引き続き外側を警戒するよう、いかなる者も外出させないよう命令した。

ウィルバーズは、東條の机の上にあった文書と、前日付「最後の声明書」とを押収した。午後四時四十五分、クラウス少佐は、総司令部に事の次第を報告し、米人医師と、傷病人輸送車及びMPを呼んで来るため、東條家を離れた。残った将校たちは、五分後に日本人医師を迎えにやり、東條を椅子から同じ部屋のベッドに移し、五時十五分にやって来た医師に治療を命じた。しかし東條にはまだ意識があり、治療を拒否したが、ウィルバーズは、医師に、東條の生命を救うためあらゆる手段をつくすよう命じた。その結果、弾丸が貫通した傷口の両側がきつく包帯で抑えられた。それから一時間後にアメリカ医師団が着いたが、この間、東條が自殺をはかってからすでに二時間を経過していたことになる。

米人医師は、治療を拒む東條に、極めて手際よく応急処置をし、横浜の米軍病院に運んだ。運ぶ途中で、クラウスと医師団とは、日本の右翼テロに襲われはしないかと、終止ハラハラしていたそうだが、何事もなかったのでホッとしたそうである。

東條は、病院に着いてアイケルバーガー中将の見舞いを受けたとき、眼をあけ、首でお辞儀をしようとし、そして、「私はもうすぐ死んで行きます」と、通訳を通じて言い、アイケルバーガー将軍に「大変手数をかけて申し訳ない」と言った。アイケルバーガーは、これに、「それは今夜のことか、それともここ数年のことか」と聞いた。東條は「今夜のことである」と答えた。アイケルバーガー中将は、苦しげに呻く東條を見ながら、米人医師に、「出来る限り東條の看護に手をつくすように、もし彼が死んだら、私はその説明を要求するだろう」と命じた。

アメリカ側の記録と日本側関係者の証言を総合した上で、矢次一夫は『東條英機とその時代』でこのように前記の二例より詳しく記述しております。

この東條の自決の失敗は、軍人の本分としてまことに恥そのものでしかありません。「不安なし」と広言した東條の失敗した断末魔は、武士道から遠くはなれておりました。自分が定め示した全軍への「戦陣訓」違反の典型となってしまったからです。

以上とりあげた三著作が、いずれも自決失敗から東條論を始めていることに注目しなければなりません。この不様な行為からの悪評を嘲笑して済ませてしまうことは出来ません。

土井晩翠の詩のように済ますことは出来ないのです。「世界の史上にその名は朽ちず」そうです。「朽ちず」です。しかし問題は「その名」の真の意味です。ドイツのヒットラーをこの詩から逆に連想します。ヒットラーの名が朽ちないのと同列にです。

三　近衛文麿の思想と行動

藤原鎌足の末裔だという近衛文麿という政治家について興味がありました。日本一立派な家柄だということで、彼は天皇の一番近い所に居る人物でした。平和を大事にする人物で、腐敗しきった政界を、近衛文麿ならなんとか刷新出来るだろうという期待を、昭和天皇も抱いていたのです。彼が総理大臣になったのは、昭和一二年の六月のことでした。ところがなんということでしょう、その翌月に盧溝橋事件が勃発したのでした。つまりこれが支那事変（日中戦争）の始まりなのです。第二次内閣、第三次内閣と三度も総理大臣の大役を受け、それなりに努力しても、結局は軍部の力の前で自分の思うような政治はできませんでした。すべて裏目裏目に出るから、ついに政治を投げ捨ててしまいました。お公家さんは駄目だと国民もあとで知りました。

矢次一夫は企画院委員、内閣委員、陸軍省嘱託、翼賛会参与等等の役職にあった人ですから、政界の裏表を比較的広く知っている人物だと思います。

近衛文麿の不思議な行動について、矢次一夫はこう書いています。私はなるほどと感心して読んだものでした。

不思議なのは近衛である。東條が組閣大命を受けた直後に、自ら東條を訪問し、祝いとして家伝の名刀一振を贈っているのは、これを何と解すべきであろうか。当時における政界の一つの評に、東條が、首相兼陸相兼内相として、憲兵と警察行政とを独占したる立場に、彼の人柄を知る近衛が、東條の憎しみを恐怖した余りの媚態と見る者の多かったことを、紹介しておく。

近衛内閣が総辞職の前夜の宴会で、賀屋興宣が東條の軍部内閣を阻止すべしと力説しながら一夜明けるとその東條内閣の蔵相に馳せ参じたとか、企画院総裁であった鈴木貞一も留任を求められてもしない、と宣言したのに東條に求められるままに恥知らずに留任した。この鈴木は「日本の国力は戦争能力なし」と主張していた人物だった。これを知った近衛は部下たちに裏切られた思いで、人の心などは当てになるものではないと言っている一方、なぜなのか当の鈴木に会うと「近衛内閣の閣僚が多数残留すれば、日本不戦のため、交渉続行の希望を明示しているようで、好都合です」と、話したというので、近衛の本心はいったいどこにあるのか私にも皆目分かりません。この期に至っても外交に希望あり、と思う政治的甘さが、あるいは無知が、見えているのではありませんか。相手は戦争能力なし、と思っている男を前にしてなお外交に光明を夢みる近衛文麿であります。一次内閣以来、自分の政策はすべて軍の反対で日の目を見なかった訳です。結局、近衛内閣も軍の勢力と一体になって、志とは反対に戦争の拡大の力を示すより他はありませんでした。

辞職してからの近衛は、もう日本の未来に絶望していたのでしょうか、自分の考えをもっておりません。『近衛日記』（共同通信社、昭和四三・三・三〇）日記に自分の考えはなく、相手のことのみ記録しているのです。

昭和一九年七月二日、元総理の岡田啓介海軍大将が近衛を訪問した。趣旨は海軍大臣嶋田を辞めさせたいので協力してほしいということ。しかしこれは失敗したので、ならば東條本人への辞任要求へとことは発展するのですが、日記で近衛は自分の考えを書いていない。日記に本人不在というのは珍しいと思いませんか。

大将はまず今日までの経過を語る。いわく、最初、軍令部総長を兼ねた時、嶋田の信望がたりないところへ大臣と両方兼ねるのでは部内が納まらない。そこで米内を現役にして嶋田の相談相手にしてはどうかと考え、伏見元帥殿下の御同意を得て嶋田に話したところ、嶋田は「米内の後輩永野が元帥になっているのだから、今さら、米内を現役にすることは出来ない」という理由で断った。その後、益々嶋田に対する物論ごうごうたるものがあるので、総長だけは残し、大臣の方は更迭したらよかろうと考え、此の時は伏見宮だけでなく、高松宮の御同意を得、それから反対派をまとめる必要上、末次にも話しちょうどサイパン戦争最中であったが、私が此の事を嶋田に言ったら嶋田は「目下重要作戦計画中だから、しばらく待ってくれ」と断った。それからサイパンが一段落して伏見宮が親しく海軍大臣官邸に嶋田を訪問せられ、私と同様のことを言われたところ、嶋田は、自分がやめると東條がやめる。東條がやめるということになると政治上の重大事件となる。殿下もそういうことにお動きになると政争の渦中にお入りになることになる。とお答えしたそうだ。そこで私は殿下をもってしても駄目だから二十六日（六月）自身東條を訪問したところ、東條はイキナリ、貴方の行動は情報で皆知っている。これは倒閣の陰謀だ。と言い、海軍で下の者が騒いだら長老がこれを抑えるべきだ。かつて海軍は二・二六を目して下克上といって嘲笑したが、今の海軍はちょうどそれだ。とくってかかった。私はこれに対して、若い者が何と言っているか知らぬ。私は若い者に頼まれて来たのじゃない。ただ嶋田が両方兼ねているのはいけないと思い、又それは結局東條のためにも取らぬところであると思ってやってきただけだ。と説いたが、東條は、今の体制が最善だと考える。意見の相違なれば致し方がない。の一点張りだ。これではいかぬと、昨日（七月一日）平沼を訪問して以上の顛末を話したところ、平沼は、こうなったら何ともしようがない。自分は、陛下をお守りして死ぬんだ。という話。私はイヤ、それは最後はそうだが、それまでにまだ何とか打つ手があるだろう。という話をしたところ、平沼は、東條は国民の信頼がないというより、国民の怨を買っている。此の際、ほんとの御親裁、御聖断が降ってよい時だ。それで、それが下るように重臣が上奏したらどうだろうというので、さらに話し合った結果、重臣が上奏する前にまず、貴方（予）から木戸内府によく話をしてもらったらどうか。ということに一決してきた。と委細報告したる上、予に斡旋方を依頼せり。次で大将はなお語を継ぎ、海軍の損害がどれ位か自分にも判らぬが、いろいろ総合して考えると、最後の決断はもういっぺんやれるんじゃないかと思う。たとえば、飛行機の教官とか練習機など総動員すれば、一通りの戦力になると思う。それをやれば国民も諦める。今直ぐ和平をやることはどうか。という意見を述べて辞去せり。

日記に近衛は一言も自分の考えは書いていない。それにしても昭和一九年七月現在の政府内外の情けない事情がこれでよく分かる内容ではあります。

日記の中で平沼の「東條は国民の信頼がないより、国民の怨を買っている」という言葉まで日記に書いている。日本の行く末を心配していることはよく分かりますが、話はあくまでも暗いものです。

上層部のこうした政治家たちは、日本国民大衆の雰囲気は、一応理解しているように見えます。しかし大本営とか情報局などでは、まったく見ても見ないふりです。知らない訳はないのです。稲垣真美の『もうひとつの反戦譜』（三省堂、昭和五一・八・一）による国民の声。

支那事変の始まった翌年の昭和一三年に「御国のためとはいうものの／人もいやがる軍隊に／出て行くこの身の憐れさよ／可愛い彼女と泣き別れ」という反戦歌が、裏の社会で歌っていた者たちがいたのです。

私の同級生の父は、村の小学校の奉安殿前で村中あげての盛大な壮行会で中国大陸へ征きました。間もなく戦死です。同級生は即刻小さな英雄扱いです。彼に対する周囲の扱いが急変したのです。しかし一年生の私たちは、戦争というそのものがまだまったく理解されておりません。

「一つとせ／人が嫌がる軍隊に／志願で出て来る馬鹿もある／御国のためとはいいながら」という歌も聴いたことはありません。小学生とはいえ、高学年になると敗色の日本を救うのはオレたちだと思うようになりました。

政府批判、非難の落書は、全国の駅の便所に書かれるようになっておりました。それらは多すぎていちいち取り上げる訳にはまいりません。大東亜戦争勃発直前に、旧制佐賀高校の寄宿寮便所に現れた落書は長い。多分紙に書かれたものでしょう。当時非合法とされた唯物研究会のあった大学や高校は全国で三〇校近くあったようです。

「天皇は現神と崇むけれども、我我と同じ人間である事に変わりはないのである。我我におとらぬ色欲を持っていたことも歴史に徴しても明らかである。忠は結局は我我を従順な服従者となす為の一手段に過ぎない」「ああ終に我我青年の奮起すべき秋《とき》が来るのだ。現日本の社会組織を改革せよ！　あまりにも◯◯的な自由資本主義は今回如何に愚か無力なるかが証された！　改革ああ血湧き肉躍る！　奮起せよ。鎖国と云う言葉は一つの狂信、迷信に過ぎぬ。何の為に戦争しているのか？　戦争しているのが問題ではない」

「革命とはリボリューションの事である。而して真の革命は国体の革命のみ。寮内のマルクス主義学生は団結せよ。現在の戦争を何とみる。帝国主義戦争ではないか。もし国家主義と矛盾しないような八紘一宇があれば、それは侵略主義、帝国主義だ。そんな八紘一宇を主張せぬ国が世界に何処にあるか。国家主義、民族主義、資本主義、帝国主義の全世界への飛躍だ。八紘一宇の精神が何になろう。我等の信ずるところを進んで世界のために尽くすのだ。超国家的思想を抱くものよ」

まだまだこの落書は続くが後略。

学徒らしい落書です。一般国民の落書は「ヤメロ、戦争ヲ、東條バカ」と言ったものに共通しています。

八紘一宇を論じた佐賀高校生徒に私は青い思想ながら感心しました。国民は八紘一宇なるその意味も分からず、口癖のように話していたものです。村長とか小学校長とかの話には、この言葉が必ずのように発せられていました。

東條の周囲の者たちが、敗戦を口にしているのに、東條は違っていました。東條は必勝鉄の信念でした。そのことは平野素邦の書いた本にあります。

以下は東條夫人の言葉です。

五月二十五日の大空襲で、わが家も焼夷弾七コに見まわれ、三ヵ所から火を吹きはじめましたが、護衛の垣内憲兵さんや、ご近所のかたたちのご助力で、すぐ消しとめることができました。しかし、それから二ヵ月後、広島と長崎の原爆には、まったく驚きました。主人は言いました。

「いままでは疎開の問題を責めなかったけれど、これは近いうちに決行せねばならぬ。こんどは東京がやられるだろう。こんな地形が効果的なのだ。オレは陛下の在《おわ》す限り東京は離れられないが、お前たちは皆ゆけ。地形上青梅《おうめ》あたりがよいだろう。横穴でも掘って晴天は外に出て耕し、一株でも、一塊りでも食物をつくるのだ。畑仕事のほかは、穴の生活もやむを得ぬ。我々の祖先の時代はそうだったのだろうから。もちろん、着のみ着のままで、入浴もできず、虫もたかるだろうが……。辛抱は半年と言いたいが、七ヵ月も続けば必ず最後には勝つ。それまでの忍耐だ」

青梅のほうに部屋を探し、九月一日を期して引き移るように着々準備をはじめました。

「七ヵ月も続けば最後には勝つ」という東條は、心からそう信じていたとは思えない。原爆直後に言ったのは、妻への慰めの言葉であったと思います。夫人も夫のこの言葉を信じているとは思えません。もうこの時には、敗戦の手続き中であったのです。東條の後の小磯内閣も倒れ、鈴木貫太郎内閣になっておりました。

東條は嘘でも、「勝つ」と言って、敗けるという言葉は口にしなかったのです。私は佐賀高の生徒の落書の八紘一宇批判を引用しながら、矢次一夫が言う西田幾多郎の書いた「世界新秩序の原理」の文章を思い出したのです。長い論文ですが、肝心の所だけ引用し、参考に供したいと思うのです。

我国体は単に所謂全体主義ではない。皇室は過去未来を包む絶対現在として、皇室が我々の世界の始であり終である。皇室を中心として一つの歴史的世界を形成し来った所に、万世一系の我国体の精華があるのである。我国の皇室は単に一つの民族的国家の中心と云ふだけではない。我国の皇道には、八紘為宇の世界形成の原理が含まれて居るのである。

政府はここに来て、高名な哲学者の協力を求めていたのです。執筆依頼をうけた西田幾多郎《にしだきたろう》が快諾して書いたものではありません。仕方なく書いたものです。その経緯を矢次一夫が述べています。八紘一宇とか為宇とか言っても、これはまさに日本の傲慢さを世界に示したようなものです。佐賀高校の学生の言い分の方が正しいのです。

政府と大本営は「大東亜政略指導大綱」を決め、これにより大東亜各国の指導者を東京に集め、戦争完遂の決意と大東亜共栄圏の確立を全世界に宣明しようと計画し、昭和一八年一一月五日と六日、国会議事堂で開きました。

この会の思想的バックボーンとして、西田論文が欲しかったのです。

大東亜各国の別名が、八紘でそれらを一宇にこの日本がするのだという考えです。すでに日本軍はいずれの戦場でも、敗北しつつある現状の中で、戦争の完遂などとても望むべくもないのに。いや、ないからこそ是が非でも開きたかったのでしょう。東條英機の考えることです。東條は首相の他に、外務、内務、陸軍、文部、商工、軍需の各大臣を時事兼務しておりました。専制政治と言われても仕方ありません。裏に憲兵と警察の両権力も握っておりましたから、鬼に金棒でした。

近衛文麿の存在は、急速に東條の前から消え去って行きました。

四　驚くべき個性の東條英機の箴言

東條英機は国内態勢強化方策として、自分の政治的手法の如きものを秘書官に説いたというのです。次下が彼の政治についての実行姿勢ということになります。

先ず政治は第一に現実に即すること、第二に時機に投ずべきことが大切である。国内態勢強化方策もあれを今から半年も一年も先にやったとしたらそれは成り立たないだろう。翼政会あたりでああ云う国民の空気を反映した箴言をして来た。これで国民の欲して居る体勢、空気はわかった。そうして閣僚には前回の閣議（昭和一八・九・一七）で自分から一応の腹案を示して、それぞれの意見を求め、尚その上御意見があれば一両日中に御出し戴きたいと云った。昨日の閣議でふいうちにやったと云われない様に以上の様な準備が大切である（中略）理想家と云ふものがある。石原莞爾の如き着想は良いが、現実に即しておらぬ。現実に即しない理想は足が地に付いてゐないのであるから、国民を率いてゆく政治にはならない。理想家の着想は着想として自分は活用する点は多々あるが、その儘現実に即した政治に之を活用することはしない。自分は政治家ではない。只多年の軍隊での戦略その儘を只やっておる丈のことだ。

閣僚に充分配慮しているように言っておりながら、反対者が出た場合は間髪を入れず、それなりの手をうつとも述べているのであります。優しいように見えて、どうして怖ろしい彼の一面は、外務大臣東郷茂徳の罷免です。東郷が東條の大東亜省設立の提案に反対したからです。あの大東亜、あの八紘一宇の考えに反対したためです。外務大臣の眼から見ると、なんと自分勝手ないい気なものだ、としか写らないに違いありません。全世界が正しく見えない首相と思うでしょう。

この発言「自分は政治家ではない。只多年の軍隊での戦略その儘を只やっておる丈のことだ」とはなんという無責任の発言でしょうか。政治家ではない。軍人だ。やっていることは戦略だ。国民は軍人ではありません。東條首相は、「政治」をやるべき立場にありながら、現実には「政治」を正しく執行していないということでしょうか。傲慢そのものです。

民主主義の政党政治を軍は奪って、軍人が政治をつかさどっていること自体にさえ無神経な近衛・東條総理大臣たちが、強大な米英を相手に戦争を仕掛けていながら、今は「戦争完遂」

とキンキン声で獅子吼している不様さは、独裁者にはこの矛盾の論理に気がつかぬものです。三国同盟のイタリアがぬけ、昭和一八年九月一五日、日独共同声明を発表し元気なところを見せるのが、「戦略」ということでしょう。たしかに「政治」ではありません。軍人のやることでした。

東條総理大臣はの開戦の決意は「無為は自滅であり、決然起こって光明を求める」という精神論でありました。軍令部の海軍は勝目はないと主張したのに、陸軍の参謀部は勝算ありの上に、東條はこの結論を出したのです。すでに中国大陸で一八万余の将兵を失っていたのに。この数は日露戦争の二倍。支那事変にさえ勝利していないのに、世界最大の強国アメリカを相手にしようとする軍部、なかんずく東條英機の態度とこれを認めた昭和天皇の責任は重大というべきものがあります。

こうした東條の思考様式をつぎに引用しましょう。秘書官たちの記録を整理したものです。

(『東條英機大将言行録』)

第一に、東條は、天皇は神格、我は人格ということを繰り返し述べている。自分の役割は天皇の徳を広く国民、そして大東亜共栄圏に光被させることを定義しているのである。そしてその関係は親と子との関係として表現されている。天皇への絶えざる内奏はそうしたことの一つの表現であり(十七年二月二十一日)、宮中での閣議や統帥部の会議開催というのもその現れである。その点から昭和十九年に伊勢神宮に参拝された時の、総理大臣の扱いについて不満であった（十九年六月二十四日）。

第二に、彼は何事によらず仕事は計画的で、大綱・重点を把握し、綿密な準備をし、タイミングをはかり、最終的に決断をしたら動かさないということが必要だと繰り返し述べている。これはまた彼の几帳面な記録作成とその整理（十八年五月十三日）にも繋がり、また石原に対する「現実に即しておらぬ」という批判（十八年九月二十三日）にも繋がるのであろう。さらには、リーダーシップ論にも繋がる（十九年三月三日）。

第三に、法に拘り、杓子定規にそれを守らせようとする役人根性に対する批判である。これは西洋文明の物質優位に対する批判（十九年四月二十九日、五月十九日、二十四日では、西洋の疑を基とするのに対する東洋の信を基とするという対比を述べている）であり、また精神・気の優位の主張でもある。「至誠」「精神」「意思」という言葉が繰り返されている。「法律が残っても国が滅びては何にもならぬ」（十八年九月十日）。

第四に、絶えざる努力の強調である。自分自身をその努力の結果として表現していることが少なくない。

第五に、「思ひやり」の強調である。彼は忙しさの中で、周囲の人々に気を配り、配慮をかなり意識的に行っている。これは仕事の計画を綿密にするという事とも重なっている（十八年六月五日）

第六に、対外的には、概ね大東亜の範囲が意識され、それ以外についての具体的なイメージが語られていない点である。これは対外的配慮といった場合想定されている外国がこの範囲であると思われるからである。

第七に、それと関係するが、当面の最大課題として「戦争に勝たなければならない」ということが、繰り返される。しかし、それが具体的にどういう形を取るものかというイメージは全くと言っても良いほど語られていないのである。

第八に、その勝利の最大の条件は、国民および東亜の団結である。従って最大の危機は、この団結を破る味方の中の敵である。これに対しては断固たる対処をしなければならないことが強調されている。

第九に、彼の「革新論」である。秦の始皇帝の焚書に高い評価を与えるが（十九年六月十七日）、他方彼は戦時下で、「一朝にして現状を打ち破ることは……宜敷ない」と言う。「現在の法令、之には明治以来の歴史があることを忘れてはならぬ」、これは欧米式であり、日本において欠陥があるが、とした上でである（十八年十二月二十八日、十九年四月六日）。

第七に、具体的展望、戦略、戦術が語られていない。政治どころか、戦略さえないのです。そして第八の精神論です。無為無策です。

東條首相に仕えた秘書官たちの評定の総括は、「強力なリーダーシップを持つ政治家ではなかった」ということです。信用できません。意外でした。ただ強力な権力者です。

犬猿の仲の石原莞爾批判などを例に、理想主義を解説する東條はほんとうは小心です。

関東軍参謀長だった東條は、満州に詳しい石原が参謀として着任すると、「満州の内政に口を出すな」と注意しました。これにハイと答えるような石原ではありません。石原は東條の居ない所では、「東條上等兵」と言って軽蔑していました。

陸軍大臣板垣征四郎は石原と共に満州事変を計画実行した張本人の同志です。しかし、陸軍次官にとりあげたのは、東條で石原ではなかったのです。社会的には、満州の手柄は板垣より輩下の石原でした。石原はちょっとした英雄でした。面白くなかったのかも知れません。石原の冷飯も必要と、東條を取り上げたのです。東條の後釜に石原かと思っていたのに、横から磯谷（のちの中将）の起用。空席中の代理役の石原の不満は爆発しました。石原は軍司令官に退職願を提出し、その許可も下りないのに満州を後にしたのです。東條が総理になった時、石原は師団長を解任され、予備役に編入されてしまったのです。極東国際軍事裁判で、東條有罪、石原無罪となった分かれ目は、ここにあったのです。しかし、日本人の裁判とすれば、私はこれをナンセンスだと思うのは当然です。石原も無論有罪が当然なのです。

昭和一七年の秋頃のことです。山形県在の石原のもとに、悪名の高い甘粕正彦が訪ねて来ました。関東大震災の時、大杉栄と伊藤野枝とおさない甥を殺害した元憲兵大尉の男です。当時、甘粕は東條の気に入りの輩下でした。憲兵司令官としての立場から東條は、満州事変時代、こうした甘粕のような憲兵を手もとに置き、大事にしてきた経緯があります。

甘粕は東條の苦悩を見るにつけ、密かに石原を訪ね助けてやってくれと言うのです。お門違いなのに、それも承知、もう東條に進言出来る者は他に居なかったのでしょう。断り切れない石原は上京し東條に会って言ったのでした。

石原はまず一言、首相を辞めなさい、とすすめたのです。相手の東條は、戦争指導という重要な仕事があるので辞める訳にはいかない、と突っ撥ねると、石原はさらにこれが助言という、とどめの言葉を与えたというのです。

「君に戦争指導ができないことは最初から分かっていた。首相や陸相になっている以上、戦争の解決なんてとんでもない。日本は亡びる。即時辞めたまえ」

この一件はミッドウエー海戦で連合艦隊は大敗しましたし、ガダルカナルの陸軍の攻防戦も苦しい秋《とき》のことです。

いったい東條のいう「戦争完遂」の意味、その具体的形はどうであったのでしょう。石原は軍人なので、軍人の君には外交の考え、その能力がないと言っているように思えるのです。石原にとって、東條は「上等兵」という存在にしか認められなかったのかも知れません。

余に反対する者は許さない。余は憲兵と警察を掌中にしている。東條の独裁政治下です。衆議院議員の中野正剛は、東條内閣の倒閣を画策した角により憲兵により逮捕・釈放されたが彼は割腹自殺で、東條政治を非難したのは有名な出来ごとでした。

私は毎日新聞（二〇一六・六・二二）の「特攻隊と竹槍事件」という記事を、社会部編集委員の須山勉から入手しました。つぎが事件の説明です。

1944（昭和19）年2月23日、毎日新聞1面のど真ん中に載せられた記事が、そのきっかけである。「勝利か滅亡か　戦局は茲《ここ》まで来た　眦《まなじり》決して見よ、敵の鋏状《きょうじょう》侵寇《しんこう》」

という6段分使った大きな記事。そのすぐ左に「竹槍では間に合わぬ　飛行機だ、海洋航空機だ」という4段抜き見出しの記事がある。

なんということでしょう。同紙の一面トップ記事の説明は以下の通りです。

東條英機首相が発表した「非常時宣言」が、首相の顔写真入りで掲載されていた。「首相・閣議で一大勇猛心強調」とあり、岐路に立った「皇国」を守れという東條首相の「必勝」発言が伝えられている。一見、その解説記事のような体裁をとりながら、陸軍の竹槍主義と「一億玉砕」「本土決戦」に真っ向から挑戦し、「必勝」の空念仏を批判していた。

記事の反応は以下の通りの説明です。

海軍は全面的にこの記事を支持し、絶賛した。しかし陸軍はその日の午後、市ヶ谷の陸軍省・参謀本部に、靴音も荒々しく入って来た東條大将は、身をふるわせて憤った。「けさの毎日新聞を見たか……なぜ処分しないのか……竹槍では勝てぬとは反戦思想だ！」東條の激怒に、陸軍報道部長・松村秀逸少将は情報局の村田五郎次長のもとにかけつけ、吉岡編集局長を呼びつけて、卓をたたいてどなり立てた。毎日の記者の陸軍報道部出入り禁止を言い渡したうえ、「あの記事の筆者はアカだ」と執筆者の処罰を要求した。そして、社内の責任者の処分を迫り、最高幹部の出頭を要求した。
内務省はその朝刊の発売頒布《はんぷ》禁止と差し押さえ処分を通達した。しかし新聞はすでに全読者に配達済みだった。編集総長・高田三郎は大阪に出張中だったが、急を聞いて帰京し、松村報道部長と会見した。「毎日新聞は反戦思想とみとめる。今後は憲兵に反戦思想の持ち主である記者を密偵させ、嫌疑者はどしどし退社処分を要求する。新名はただちに退社させろ」だが、高田は「責任は自分が負う。筆者を処分することはできない」そういいきって社に帰った。

執筆者の新名丈夫記者は三七歳にして陸軍に懲罰召集されました。しかし間もなく海軍の配慮で報道班員としてフィリピンに派遣されたのです。高田の「責任は自分が負う」はすがすがしい真のジャーナリストの言葉です。

五　関東軍の下克上謀略

張作霖爆殺事件とは、昭和三年六月四日午前五時半頃に、北京から奉天に向かう張作霖一行の特別列車が、関東軍高級参謀・河本大佐らによって、奉天（現瀋陽）郊外で爆破され、中国・東北部の軍閥大元帥張作霖の死亡した一大事件のことです。

この一大事件は、「昭和一四年間戦争」の、暗い日本の「序」そのもののようなものです。「本文」はこの後の「満州事変」からです。

関東軍というのは満州の防備と南満州鉄道沿線の保護のために、大正八年四月に創立されたものでした。一個師団の兵力ですが、政府の命令に最初から従順ではないのです。関東軍のみならず、朝鮮師団さえ不服従です。

満州不穏の報を聞くと、静かではありません。朝鮮師団は関東軍同様、政府、参謀本部総長無視の行動を起こします。昭和六年九月二十二日の東京朝日新聞はこのように報道しております。

満州派兵について、幣原外相、井上蔵相の強硬なる自重論があったため政府は二十一日の臨時閣議ではその決定を保留し、二十三日午前十時からの定例閣議において増兵するか否かを決することを申し合はせて、午後五時半散会した。然るに杉山陸軍次官は閣議解散後急拠首相官邸に来り、林朝鮮軍司令官からの報告電報を南陸相に手交した。よって南陸相は午後五時半改めて若槻首相と会見し、事情が切迫したために参謀総長の命令を待たずして朝鮮軍司令官は独自の権限をもって独断で、満州に出発したとの旨、唯今報告があったからよろしく諒解されたい、と述べた。

これに対し、首相は政府が方針を決定せざるうらに軍の出動の行はれるのは困ると述べたが、事態急迫のため政府及び参謀総長の命を待たずして軍を移動せしめたことがある、と説いた。

首相はすでに出動している以上、仕方なく事後承諾という形になってしまったのでした。

一方河本大佐が計画した張作霖殺害事件の三年後、この序が本文通りの「満州事変」となって勃発したのであります。発火の原因は中村大尉の殺害にありました。昭和六年五月、参謀本部は対ソ戦争に備えて興安嶺方面の調査に中村震太郎大尉をスパイとして送り込んだのでした。しかし帰って来る予定日になっても姿を見せません。

その頃関東軍は現地演習をしておるさ中、中村大尉の消息不明を知り、手をつくし探したが分かりません。そこで八月一七日、奉天の林総領事が奉天省長や参謀長に、責任の所在をはっきりするように申し入れたのです。相手中国側は殺害の事実を認めません。ならば軍自らの実力で調べると勇ましく日本政府に報告すると、幣原外相は外交路線で解決すべきだと認めません。満州の関東軍の参謀たち、なかでも石原作戦参謀の怒りはおさまらないのでした。彼は参謀本部の永田鉄山軍事課長につぎの手紙を書き送りました。

〈数百ノ未決事件領事ノ机上ニ山積スル訳ナク、従テ今日喧シキ「満蒙問題」ナルモノハ存在セザリシコト明白ナリ〉と、また〈成ルベク第一線ノ意見ヲ尊重シ、其活動ニ委セラルルコト国軍ノ為最モ必要ト存候〉なお〈若シ第一線ノ人物モ信頼シ難キ時ハ、速ニ適当ノ人物ヲ配置セラルルコト満蒙ノ形勢上目下第一ノ急務ト存ジ候、生等徒ラニ現位置ニ恋々タルモノニ御座無ク候〉と、ながながとこんな文面の手紙を永田に送るような人物は他にいません。石原だから書いたのです。相手の陸軍大佐永田鉄山は、自分は参謀本部のいち課長ですが、陸軍きってのカミソリ。人事一切をこの永田が仕切っていたのです。その有力な永田にオレたちは何も関東軍が住みよいから、ぬくぬくとこの満州にいるのではありません、気に入らぬなら、更迭したらいかがですか、と石原は腹をくくっています。現地での声を重視せよ、との発言です。九月一八日、中国の参謀長が中村大尉殺害の責任者は関玉衛だ、と報告しました。これが切っ掛けでした。その同じ日の夜半、奉天の北方、柳条湖付近で満鉄線の一部が爆破されたのです。三宅光治関東軍参謀課長が、事件の一報をうけたのは、以下の通りでした。

十八日夜十時過ぎ、奉天の北大営西側において暴戻《ぼうれい》なる支那軍隊は、満鉄線を破壊し、守備兵を襲い、わが守備隊と衝突との報告に対し、奉天独立守備歩兵第二大隊は現地に向かって出動中なり。

このような戦果の前に「満州蒙古問題解決策案」というものが用意されておりました。関東軍三宅参謀課長、板垣大佐、土肥厚大佐、石原中佐、片倉大尉の合作です。満州に新政権の国を創る計画、つまり満州国を想定したものです。若槻内閣はむろん反対です。やはり同じ二二日のことです。

しかし関東軍は一八日、第二報の「中隊は目下苦戦中」の有無にかかわらず、板垣、石原の命令通り、参戦していたのです。

板垣参謀から、奉天独断攻撃の命令を出したとのこの報告をうけた本庄司令官は返答しました。

「よろしい。行動は本職の責任において行う」

政府無視。参謀総長無視。つまり天皇無視（故に事変名の戦争）。一八日に開戦した戦争は、一九日、奉天城や飛行場を占領し、奉天付近の張学良軍の残敵も一掃する勢いでありました。

杉村久英が『夕陽将軍石原完爾』（河出書房社、昭和五二・七・三〇）で、満州事変の一年後の石原について書いています。


昭和七年一月四日、荒木陸相から本庄関東軍司令官に電報が来た。「今後の対満方針につき、緊密なる連携を図るため、板垣・石原両参謀のうち、一人上京するよう、下命ありたし」板垣が飛行機で上京した。

一月八日、陸軍始めの式典に当たって、特に関東軍に勅語を賜わり、功績を嘉賞された。わずか二ヵ月前には、奉勅命令違反だの、独立を計画しているのと、さんざん関東軍を小づきまわして、軍事行動を制限した軍首脳部の、ガラリと手の平をかえしたような変り方である。

四月、石原完爾は本庄軍司令官に随行して上京した。東京駅に着くと、歓迎の旗の波である。二人は宮中から差し回された自動車で参内した。どこまでも凱旋将軍のあつかいである。本庄将軍は天皇の前に進んで、うやうやしく事変の概略を報告し、天皇からは「御苦労であった」というお言葉と勅語を賜った。このことは、彼らのこれまでの行動が、国家によって是認されたことを意味していた。

思いもよらず、板垣と石原は高く評価されたのです。石原は同期生よりいち早くトップで大佐に昇進しました。板垣は少将に進級したのです。その彼は確かに「吾人は君国のため満州においで粉骨砕身の活動をしつつあるも、日本政府はことごとに吾人を掣肘し、大業を完成するを得ず、ここに関東軍は光栄ある皇軍の歴史を破り、帝国より分離独立するにいたる」と陸軍省へ打電したことがあったのです。これは関東軍の反乱近しと政府も軍当局もふるえあがるほどの一大事、驚いた事実がありましたが霧の如く消えてしまいました。

六　陸軍大学同期生東條と今村均の違い

陸軍に軍閥というものがありました。その中心人物は明治から大正、いや昭和の初め頃まで長州の山県有朋でありました。山県なきあとは、長州人を締め出し、内部は二派に分かれて互に勢力を競ってきました。東條はこの運動の先鋒者の一人でした。

東條は連隊長の時、部下の大隊長であった土橋を呼びつけ「山岡重厚を辞めさせ、永田鉄山を軍務局長にするよう運動しろ」、と要求するのでした。土橋は佐賀県出身者であるので、同県人の真崎将軍に働きかけろという訳です。この運動は失敗し、其の結果東條は久留米の旅団長に左遷されてしまいます。しかし東條のこの時の復讐の決意は消えません。失望どころか、永田軍務局長実現のために、久留米から毎日、ときに日に三度も永田に手紙を出しているのでした。狂気の沙汰です。

晴れてのち永田が軍務局長になるのですが、この実力者を反対派の相沢中佐が斬殺するという一大事件が発生しました。そして、あの二・二六事件が到来するのです。全満州の皇道派浪人や政客千数百人は一網打尽、捕らえられました。永田鉄山の仇を打ちとったのです。二大派閥の皇道派はここに没落し、東條の統制派の勝利となったので、この後きわめて順調に、彼は関東軍参謀長、陸軍次長、航空総監と出世街道を歩むことになっていくのでした。

人に対する愛憎好悪の激しい東條の性格は、たとえば尊敬する兄貴分の永田鉄山への態度を見れば分かります。相手に対し威圧感とか畏怖の念を生じさせたりもするところから「カミソリ東條」のあだ名を生んだようです。

しかし感心するような逸話もありました。参謀本部の将校が、閣下太平洋の某某島を占領しましたと報告すると、東條はその島に飛行場を作れるか、潜水艦の基地として使えるか等等と質問し、返答に詰まる部下を馬鹿者と一喝します。何の役にも立たん島を占領して喜ぶ奴がいるか、と東條。当然のことですが、占領の真の意味もない戦いもあったということです。

矢次の本によれば、東條の賢明ある逸話が紹介されております。

参本第二部長有末少将が東條首相から閣議席上に呼ばれ、勝敗について説明を求められた。そこで有末が独ソ戦の地図を拡げて説明している最中に、突然東條が口を挟み、レニングラードの温度は?と質問した。不意を突かれた有末は、ちょっと考えてから、左様、非常に寒いです、と答えたら、東條が、がぁんと部屋中に轟くような大声で、何やら怒鳴ったという。

東條の質問した意味は、折柄冬であり、レニングラードの攻防戦に、周辺の湖沼や、川が結氷するであろうが、そうなると、ソ連軍の戦車隊がこれを利用出来るであろう。ゆえに結氷はソ連軍に有利で、独軍には不利となるわけだが、しかし、結氷の程度如何で、使用出来る戦車の種類に、重戦車と軽戦車の違いが出来るし、ひいては今後の戦局判断上にも重大関係があるという意味であったろう。

その先のことを東條は考え、ドイツ軍を心配していたらしい話のようです。秦邦彦の『昭和史の軍人たち』（文春文庫、一八八七・八・一〇）に、東條の一面を紹介している文章があります。

東條のプラス面を誰よりも評価していたのは天皇であり、第一の側近である木戸内大臣だったと思われる。一般の不人気にもかかわらず、東條政権が意外に長命だったのは、天皇の信任が厚かったという厳然たる事実による。皇族も引き入れた重臣たちを中心とする東條倒閣運動が一向に盛りあがらなかったのは、天皇が高松宮や三笠宮のような直宮《じきみや》の進言すら受けつけないほど、東條の姿勢を明示していたからである。

東條もこの信任に応えて、政務、軍務の要点は細大漏らさず上奏し、天皇を「ツンボ桟敷」に置かないよう努め、御下問があれば全力を傾けて奏答を準備させた。天皇中心主義、承詔必謹の姿勢は軍人の至高道徳だったはずだが、多くの場合タテマエに終わって結果的に天皇をないがしろする場合が少なくなかった。大臣や総長が上奏して陛下から痛いところをつかれると、「側近の御教育が悪い」と苦情を述べたてる幕僚がいたぐらいで、不得要領な上奏や奉答でお茶を濁して天皇をいらいらさせた歴代の大臣、総長に比べると、東條の打てばひびくような事務処理ぶりは光っていた。もっとも、天皇が東條を心の底から信頼し、愛情を抱いていたとは思えない。それは公人としての東條への信任にとどまったと推測される。だから戦局が決定的に悪化し、終戦への方向転換が必要な時期になると、天皇も木戸も重臣たちの倒閣運動を容認する。天皇が東條を引き留めようとした形跡は見当たらない。

秦は続けて、東條の私的な面についても加不足なく記述しております。

東條の個人生活における潔癖さも定評がある。小食だったせいもあるが、戦時中、誰もがヤミで衣食を補っていた時に、東條家は配給物だけですませていた。到来する贈物もすべて送り返し、そこまでしなくても、と思うほど厳格だったという。

財産らしい財産も残さなかった。唯一の不動産はのちに自決失敗の場となる玉川の自宅だったが、建築資材のヤミを許さなかったため、落成まで何年もかかった。首相の住居としては質素なものだったが、隣の五島慶太邸とまちがえられ、新聞に「豪邸」と報道されたことがある。東條に限らず、権勢を振った戦時指導者たちにそれを利用してカネをためこむ、という習慣がなかったのは、ひとつの救いだったろう。

こうした東條英機を教育した父の英教についての説明が矢次の文章にあります。東條は盛岡の南部藩の出身です。

東條の家系を見ると、能楽を職とする宝生流第五代の末子英生が曾祖父に当たっている。この宝生英生は東條を名のり、幕末南部盛岡藩に能楽師範として致仕しているが、後に孫英教の代となって維新の変革に際会した。英教この時十六歳、嵐の時代というべき状況のなかで、徒歩上京、そして反官軍派幕藩だった地方青年の多くがそうであったように、英教もまた、陸軍士官養成機関ともいうべき陸軍教導団に入学した。これを卒業した英教は、軍曹として九州に駐在する歩兵第十四連隊に配属され、明治十年、西郷隆盛の反乱鎮定に従事している。

英教は、この戦闘で才能を認められ、二十三歳で上京、歩兵少尉に任官した。そして数年後に新設された陸軍大学に一年生として入学し、ドイツの大モルト将軍から派遣されてきたヤコブ・メッケル少佐に学んだ。メッケルが日本に来たのは、幕末以来仏軍陸軍の指導を受けていた日本が、普仏戦争後、フランスの大敗を見て、新興のプロシアに切りかえた結果だが、メッケルの陸軍に与えた影響は非常に大きく、とくにプロシアが、フランスを撃破した直後だっただけに、新興するプロシア軍団の政治性過剰さとあわせて、維新以後、勃興した日本陸軍にも強い影響を与えている。

この英教は、日露戦争では活躍できず左遷されたという事実がありました。中将どまりで大将に進級することはありませんでした。

今村均は東條と仕事の上で何度も縁のあった陸大の同級生の将軍でした。東條には実戦体験はありません。しかし、今村は南寧作戦で十倍以上の敵軍と二ヵ月もの間、戦い抜いた名将でした。休む暇間もなく、今村は蘭印作戦です。相手の降伏の申し入れを聞くと、オランダ軍の総司令官ポールテン将軍は、バンドンの守備軍だけは降伏しない、と言う。蘭印総督チャルダは降伏したいと言うので、今村司令官は日本軍の作戦の目的は全オランダ軍の撃滅だと主張し、全軍無条件で降伏しなさいと諭したのです。さすがのポールテンもこれを聞いて素直に抵抗中止の命令をしたのです。同時に今村は部下にスカルノの救命を命じ、山中の獄舎から彼を救い出し自由にしたのでした。スカルノは感謝し母国の独立のため資金を願い出た。今村は要望の十倍の金額を差し上げると言って、二万ギルダーに自動車二十台を提供し、さらにスカルノの安全を考え監視をつけたというので、現地のジャワの親日感情は大変良好のうえに、今村司令官への尊敬の念も深くなるばかりだったということです。

しかしこうした今村の軍政が参謀本部に伝わり、非難の的となり、彼への酷評は大本営内の笑いものでした。東條は軍政を改めよ、と信頼のおける軍務局長の武藤章をバタビアに派遣しました。今村の評判が余りに良いので左遷できず、まず現地の実態を見てこい、という訳です。伊藤正徳は『帝国陸軍の最後』（角川文庫、昭和四八・七・三〇）で、現地の様子をつぎのように表現しております。

白人の老夫婦は夕方の公園を散歩している。若いアベックはカッフェーのテーブルで囁いている。バタビアの中心街は銀座の比ではない。獄舎の将校たちはレクリエーションの時間が与えられ、囚房の深夜にも伝統の火が煌々と流れていた。武藤はこれを不適と考え、今村との間に数日間激論が昼夜反覆された。

今村は、武威を示して統治せよ、という陸軍の新方式に断乎として抗論し、戦略物資の確保、国際法の格守《かくしゅ》、人心収攬《しゅうらん》という天皇の御允《いん》裁をへた統治要綱を改変するのは不都合である。陛下の允裁をへた改訂ならば服するが、陸軍省の感覚だけで変更を命令するのであれば、免職されるまでは服従しない。これは自分の信念である。しばらく実績を見て改めて命令を待つとがんばった。

実績は、他の植民地軍政より明白にすぐれていた。寺内総司令官は調査に飛来して平和の環境に驚いたが、これで成績が上昇しているのだからたしかに一方式に違いないと結論し、改定を志して着任した軍政最高顧問児玉秀雄以下も、実地を見て今村に服してしまった。いな、今村の理論と実績を再検討して自分の錯誤に開眼し、着京ただちに東條に対してジャワ軍政は改訂の要なしと報告している。

東條のあの性格が出た。当時もっとも苦戦しているガダルカナルの敗戦、その撤兵問題です。この仕事を今村にさせるという考えが東條にあった。ジャワ軍政に敗けた東條の報復です。東條と今村は陸軍大学の同期生です。卒業時の首席は今村でした。東條は二歳今村より年長でしたので、今村へのライバル意識は常にありました。今村をなるべく中央の陸軍省とか参謀本部の要員に置かないよう東條はそれとなく考えていました。

今村が第八方面司令官としてラバウル方面に出撃するよう命令されたのは、昭和一七年一一月のことでした。もう今村以外に、適当な優れた人物が陸軍内にいなかったこともあります。東條と今村の一致した意見は、あの軍部内外で悪評高い「戦陣訓」を発布したことでした。今村は戦争のことについて反省しております。しかし反省の中に、その必要を明記してあるのです。軍人の本分を弁《わきま》えざる者にとっては、その発布の必要は当然だったことが分かります。今村は『幽囚回顧録』(秋田書店、昭和四一・二・一五)に書いています。

軍人の国家に負う最高の義務は、戦勝を獲得する一事であり、武将が、どんなに人格を修養し、りっぱな善行を重ねても、戦いに負けるようでは、それは罪悪である。従って、戦勝を得るための悪行は、すべて許されるべきではないかという、心のうちの疑問のささやきは、長い間聞かされていたものであった。

それが、支那（日華）事変になり、右の認識は、やはり誤りであったことを痛切に悟った。歴史を読むと、アレキサンダー大王は、ペルシャ（イラン）占領のなかごろまで、またナポレオンは、アルプスを越えイタリアを攻撃したときまでは、戦勝を得るための悪行—略奪、強姦、捕虜及び無辜《むこ》の市民の虐待または奴隷—は、公然これを許し、この悪行は、戦勝獲得の必要手段とさえ考えていたようであるが、その後は、厳禁している。なぜであろうか。どうも人道的見地から、そうしたとは本に見えていない。

しかるに、支那事変では、悪行厳禁の必要が、はっきりと分明した。日清戦争、北清事変、日露戦争、日独戦争、シベリア事変までの歴代戦争指導者は、皇軍は王師であり、聖師でなければならぬとして、戦陣道徳の格守を厳重に監督してきた。従って、皇軍の向かうところ、草の風になびくように迎えられ、風《ふう》を聞いて投降するものがあいつぎ、敵情は、手にとるようにわかり、大きな犠牲なしに、すみやかに戦勝を得るようになった。

しかるに時代がかわり、支那事変当初の指導者は、入城一番乗りをきそわしたりしたため、各部隊は、手間をとられ足手まといになる捕虜や市民のあつかいをいいかげんにし、ただ入城だけをあせったため、いつでも、敵の軍隊そのものは逸してしまい、のみならず支那衆をして捕虜になることは戦死と同様のことだと観念させ、また荒らされた市民の恨みを買い、敵兵の抗戦意識と後方の兵站線《へいたんせん》の不安を大きくし、進むことは進み得るが、いつまでたっても敵は手をあげず、ついに長期戦にしてしまった。

すなわち、知る！　戦陣道徳。敵軍以外の者らは、慈悲心をもって接することが、迂遠のようで、じつは戦勝獲得の近道であることを……。

私は、昭和十六年九月発行の「祖国」という雑誌で、北昤吉氏の「中支戦跡視察記」中で「X軍の行くところ、村落草木、悉く廃墟、残されたものは唯人民呪詛《じゅそ》の声」との長文の記述を読み、結論に完全に同感したものである。

私は東條陸軍大臣の依嘱で「戦陣訓」の起稿を主宰した。このときは、軍隊の戦闘行動以外の慈悲行為が、戦勝獲得の必須の業であるとの思想を汲み入れたものである。

あとで、私が第一線の軍司令官になり、戦陣でよみなおしてみると、あの「戦陣訓」は抽象に過ぎ、完全に過ぎ、また名文に過ぎてしまって、ぴんと将兵の頭にひびかず、失敗であったことを自認した。もっと簡単平易に、数項の重点のみ掲げ、むしろ師団長以上の高級指揮官のみに対し、その戦陣道徳の指導監督を強要し、それに不熱心の者は、どしどし内地に召還するくらいの英断でのぞんだほうが、はるかに有効であったと猛省されたものである。

今村均にしてこの反省は、後のまつり事でしかないのです。自分たちを含め、同僚の者たちへの信頼があったことのこれは誤りです。軍部の腐敗は、昭和の時代に入ってからの事です。そのことを二・二六事件前後の頃から、昭和天皇が知らぬ訳はないのです。

戦争道徳を説いた今村が南寧の大激戦を指導しました。今村のこの戦場の指導は、つぎのジャワの軍政にもむろん見られました。今村が胸を張って南寧の戦局を語っています。

こんなに狭い地方に、しかも日本軍の、唯の一師団と一旅団に対し、二十数個師団を向け、反攻に転じて来たのは、はっきりと、南寧を取られたことが、支那全軍の大痛手であることを感じているからである。こんなことは、支那事変はじまってから、初めてのこと。そんなにも我々は、大きな意味のある戦いを闘っているのだ。

戦後、今村均が名将軍の代表と評価されるのは、戦略戦術の実績ばかりでなく、人格人品が道徳的であった故だと私は思うのです。

今村均の数冊の著書の他に、彼についての著書や彼を評価する有名雑誌も何冊があります。しかし私が最も今村を紹介したいのは、函館高等水産学校出身でありながら「陸軍一等兵の人間記録」として書かれた岡本信男の『ラバウルの落日』（弘文堂、昭和三七・一二・二五）によるものです。

岡本一等兵が描くラバウルから、今村均の戦略も戦術も分かってくるのです。

ラバウル周辺、陸軍七万、海軍三万五千あわせて十万に及ぶ各部隊は、陣地の重要部、指揮通信部、重軽機関銃座、観測所などは高地の斜面に洞窟をうがち、居住用の宿舎や倉庫は、空から見えないジャングル内に分散した。

しかし、上層の積土を六メートルにした防空壕でも、二百五十キロの直撃爆弾には一たまりもなかった。ココポの大病院には、空から十分読みとれる大きな赤十字の標識を示してあるのに、敵は容赦なくこれを空爆の餌食にしてしまったからには……。

「こうなれば、一切合財を地上に表さない、地下要塞の建設で対応する必要がある――」と今村、草鹿の陸海、司令官をはじめ、各部隊はひとしく痛感した。

したがって、昭和十九年の初頭から、全ラバウルの陣地、兵舎、病院、倉庫、工場はさらに地下深くもぐり、更に完備したものへと、世界戦史上特記されるべきラバウルの地下要塞建設に、あらゆる努力が傾注されたのである。

第八方面軍司令部は、今までのラバウル市街地から、その東北二十キロの高地へ移ることになった。司令部直属の数千名分の陣地、事務室、会議室、居住室、倉庫など、すべてを地下二十メートルの洞窟内にもうけ、全部地下道によって、縦横に連絡された。通路は幅二メートル、高さ二メートルだから、およその規模の大きさが想像出来るだろう。地下街を設計し、うち続く空爆下でありながら五月頃にはあらかた完成した。

榴弾砲陣地も洞窟内に大砲をおさめ、トンネル内にレールを敷いて、二正面から射程が向けられるようになった。野戦病院、兵站病院の十病棟や、外科手術室なども地下に収容され、火力発電によって明るい照明も完備した。また、幾十隻の大小発動艇は、湾内海岸の断崖に深い洞窟をくりぬき、海面からその中へ誘導出来るように工夫された。

こうして昭和十九年の秋頃には、十万の兵員も、兵器弾薬も、被服糧食も、あらゆるものが地下へもぐった。その結果、高い樹上に設ける対空監視哨や、衛兵勤務をのぞいた一般兵員は敵爆撃に対しては全く無関係の状態となった。だからして、米軍航空隊は、無効の大量爆弾をくる日もくる日も、よく飽きもせずせっせと空しく落とすことになったのである。

　当時のラバウルは、当然のことながら—敵のラバウル上陸と、落下傘部隊の来襲を待ち構えていた。それはかならず来るものと予期され、それに備えての訓練、築城、自活が至上命令であった。今村軍司令官は、一週間を二・二・二の割でこれに当たらせ、一日を休日とし、各隊は人員を三分すると、交互に三ッの作業をすることにしていた。即ち、昭和十九年の一年でこれがほぼ完成したものとして、日曜を除いた約三百日に、七万の三分の一約二万三千名が、連続地下要塞の築城に従事したことになる。この総延人員は六百九十万、これに海軍三万の三分の一の一万人の三百万、あわせて九百九十万人—ゆうに一千万人役の労力が注ぎこまれたのだ。

　しかも、全く機械力を欠いた、十字鍬や円匙《えんぴ》〔スコップ〕を手にして、炎天下—常に三十度以上—に汗をながし、その汗の上に土砂が黄粉《きなこ》みたいにまみれついて、文字通り蟻のように火山のどてっ腹へ、歯をくいしばって挑んだのである。

　まあ、思ってみるがいい、洞窟内を平均して縦横ともに二十メートルとして、この総面積を一線につないだとすれば、東京から名古屋へ至る、実に三百七十キロのトンネルを作ったことになる。もっともこれは陸軍の計算だが、更に海軍も同様に計上するならば百六十キロ、あわせて五百三十キロだからおよそ大阪に達するではないか！

今村均は自給自足体制をとったのです。畑を開墾し、自らも二百坪を耕し、野菜の補給につとめ範を示したのです。農耕指導員が各隊の畑を見聞します。なお養鶏にも手を広げたりしました。

ラバウルは孤立無援の戦場になっていたのです。制空権も制海権も失った日本軍の前戦基地です。今村は持久戦のための考えでおりました。

これを知った敵米軍は、ラバウル占領は不可と考え、ラバウルを避けて飛び石戦法を執りました。

私はなによりも敗戦後の今村の執ったラバウル軍隊内教育に注目しました。岡本信男はつぎのように述べているのであります。

今村大将の提唱で、故国へ帰ったときのために、平和な文化国家再建には教育が必要である。この見地から、寺子屋ならぬ幕舎教育がはじめられた。その課目は、国語、英語、数学、農畜、水産など、重要な学課の教室を各集団ごとに設け、集団の中から指導者の資質のあるものを選んで教官とし、夜の数時間、自分の選択する学科を学ぶことになった。

そこで私は、水産通論を講じ、英語の中等科を担当する、という羽目に出っくわした。長い歳月の習慣で、下積みの気安さがしみこんでいるだけに、いまさら伍長や軍曹のお偉方の前に教官として立つのはあまりにも現実的すぎたが、いわば「ご指名によって余興をやる」程度の気安さで、何年か前にならったことのうろ覚えで時間をふさいだ。

この教育の目的について、今村大将の抱負というのは、常に優秀な民族はかならず復興する。眼前の戦勝国の、物心両面の圧迫にけっして屈してはならない。

こうした今村均の存在を私たちは知っておくべきだと思うのです。軍人の本分がここに実在していたのを誇りに私は思うのです。

七　近衛文麿の無力な罪

昭和一七年一一月八日、今村均は杉山参謀総長からの命を受け、ラバウルに着任しました。そのさいの仕事は、ガダルカナル島の三万の部下を餓死から救うことでした。しかし大本営はガ島を奪回せよ。そこでラバウルの海軍最高長官、正しくは南東方面第一一航空艦隊司令長官の草鹿任一に命ずるも彼は、駆逐艦を失うので、食糧補充を断念してほしいと言って断りの返事をします。今村は仕方なく親しい山本五十六連合艦隊司令長官に、海軍の補給中止案は困る、の打電をする。部下を見殺すことは出来ない。一方やっと現実を知るため、大本営の陸海の参謀が、大本営が直接指導したこの作戦のラバウルへ視察に来た。奪回どころではないこの実情をはじめて知って、ガ島からの撤収となったのです。今村はガ島にいる百武軍司令官に撤収指導を命じました。海軍の援助がやっとありました。山本との友情が生きているのです。このあと山本五十六の戦死その遺骸を捜索し、ていねいに収容したのは今村の至上の重大事、彼の部下でした。

今村はこの時のことを『私記・一軍人六十年の哀歓』（芙蓉書房、昭和四五・五・一五）に書いています。

撤収行動を察知されたり、敵機の爆撃を受けたりすることを避けるため、二月はじめの新月の夜を中心として、乗艦を行なわせることにし、それまでの約四週間、百方手段をつくし食糧を送り、現陣地から乗艦地までの約二十粁の歩行を可能ならしめることが先決の処置であり、なお一方、敵が日本軍の撤退に勘づき、突進して来る場合を考慮し、在ラバウルの精鋭一大隊約千名を送り、これを第一線に突き出し、その掩護下に一日四粁ぐらいづつ後退せしめることに手配した。

この四週間の食糧輸送と生存者約一万名の乗艦輸送に従事された、二十隻の我が駆逐艦と、幾隻かの潜水艦の奮闘には、なんとも云いあらわしようのない感激を覚えしめられた。

生存者の約一万名は、二月一日、四日、七日の三夜ほとんど敵の妨碍なしに、我が勢力圏内のブーゲンビル島に収容し、予め新米の第六師団の兵力を以て、構築しておいた密林内のバラックに居住せしめることにした。五ヶ月以前、大本営直轄部隊として、ガダルカナル島に進められた第十七軍の百武中将以下約三万の将兵中、敵兵により斃れた者は約五千、餓死したものは約一万五千、約一万のみが、救出されたのだ。

大本営の作戦命令の拙劣さと現地無視の「直轄部隊」無謀の配置という権力思考がここに暴露されたものです。東條首相は陸軍大臣や参謀本部の総長などいくつも兼務していました。この尻ぬぐいを杉山の下、今村が見事に成功させたのであります。

大本営直轄部隊の百部司令官が今村に面会を求めて来て告白したことも記録しておきます。

「部下の三分の二を斃し、遂に目的を達せず、他力面戦場から閣下まで煩わし、事態を取拾していただいたような戦例は我が国の戦史上にはないことです。武人として、こんな不面目のことはありません。ガ島で自決すべきでありましたが、生存者一万人の運命を、見届けないで逝くことは、責任上許されないと思い、恥多いこの顔をお目にかけた次第です。恐れ入りますが、今後の始末は、どうか方面軍でやっていただき、私が敗戦の責任をとることをお認め願います」

真剣に思いつめている心持が、よく汲みとられた。「お気持はよくわかり、自決して罪を詫びることも、意義があります。お止めはいたしません。唯その時期につき、参考のため私の考えを申しておきます」

今村は自決する前にやるべき事がある。一つはガ島の戦いを記録するのが、一万数千人の英霊のために必要だ。二つは戦闘でなく餓死の自滅だ。これは参謀本部の過誤であることだ。三つは収容した一万人は私が引きうけるが、ガ島で戦死した者の日や場所など御遺族に知らせることはあなたの責任だ。四つはこうした記録を書くのはつらいだろうが、乃木将軍を見給え。西南戦争の最中賊軍に軍旗を奪われてから彼は笑いを失った。彼の自刃はご承知の通りだ。自決については熟考されたい、と課題を与えて慰めますと、百部将軍はついに涙を流して納得したのでした。今村の諫める言葉には、軍人の本分があり、しかもそこに深い愛情が見られます。

戦後になって、海軍では国葬の扱いをうけた山本五十六、陸軍では今村均が、海陸の代表的将軍として評価されているのは、やはりそれなりの理由があるからです。勝ち戦の当時の三大将軍の一人山下奉文司令官はシンガポールでなくマニラで、本間雅春将軍は当然の如くマニラで死刑になりましたが、バタビアでの今村将軍は無罪でした。今村が有罪になったのはラバウルのオーストリア軍によるものでした。もちろんのちに釈放されたのです。

さて、不可解な近衛文麿の人間像に触れなければなりません。

戦争中、軍人でない政治家の代表はなんといっても近衛文麿です。有馬頼義は『小説 昭和事件史』(三笠書房、一九七一・一・一〇)で、「現代史を書こうとする場合、一番書きにくい人物は、近衛文麿だ、ということが、今日では、定説になっている。近衛の、本当の肚の中にあったものが何であったか、今でも、確かにはわかっていない。頭がよすぎるのだ、という人もあるし、近衛は、相当右傾していたのだ、という説をなす人もあった」

前に書いた『近衛日記』によれば、東條内閣打倒の元首相・岡田啓介海軍大将の相談には何事も記していない。賛否を言わない。まったく近衛不在でありながら、東條内閣あとの組閣のための重臣会議では、近衛は人が違ったように、自分の考えをはっきり生き生きと主張しているのではありませんか。会議ではこの人だあの人だというが後釜の総理がなかなか決められない。最後に木戸内府が、やっぱり陸軍からの人物だと述べ、そこでやっと一決した訳です。小磯国昭。良識ある米内大将が、予備の小磯はどうかと提案した。その理由は「自分の内閣にいたので彼の人物力量はよく知っている」

この時、近衛は陸軍の総理なら二つ注文があるとその本根のことを日記に書いているのです。

第一は、東條内閣は何のために倒れたか、東條個人の不評判もあるが、陸軍は海軍に比し政治、経済あらゆる事に口を出し、国民の不評判を買った。よって従来のやり方を変える。即ち、常道に還る事であり、第二は、我国の今日は極端にいえば、左翼革命に進んでいるようだ。あらゆる情勢がそういう風に見える。敗戦はもちろん怖ろしいが、敗戦と同様もしくは、それ以上に怖ろしいのが左翼革命だ。敗戦は一時的で取り返すことも出来るが、左翼革命に至っては、国体も何も吹っ飛ぶ。だから左翼革命に就いては、最も深甚なる注意を要する。表面に起って運動している者ばかりが左翼ではない。右翼のような顔をしている軍人や官吏にも実は多いのだ。本人はそういう積りでなくともすることは全く赤だ、というのが非常に多い。これに向かって大斧鉞《ふえつ》を振う人が絶対に必要だという事だ。

同席していた重臣たち全員が同感を示したと書いているのです。有馬頼義の本の書き出しの近衛評をつい思い出してしまいます。焦点がぼやけてしまいます。戦争の勝敗より国体だという考えが分からないのです。共産主義を恐れていたのです。

近衛は米内が「予備役より」と言ったことに賛成だったのです。なぜなら広田内閣が倒れた後の組閣でやはりあれこれとなく収拾がつかず、天皇が予備役の宇垣大将に組閣を命じたことがありました。この時、陸軍から予備役の者は駄目だ、現役の者でないと言って、陸軍大臣を出してこないので、ついに宇垣は組閣の大任を投げ出してしまったことがありました。

近衛は、大命を承る人を拒否するのは大義の上でも甚だ穏やかならず、と寺内陸軍大臣に手紙で陸軍の不条理を迫ったということがありました。宇垣は人物でしたが、総理になれず、この時誕生した林内閣は、じつに短命、このように政府筋はがたがたの政界になっていました。

軍部の横暴で殺されても、それは本懐であるとまでの決意がこの時の近衛にありました。その近衛が他人ごととならず、自分が総理になった時の覚悟も、なかなかしっかりした立派なものでありました。

余は真に止むを得ずお引受けした。余の心境は日本国民の辿るべき運命の道を根本に於いて認識しつつも、出来るだけ此の道を徐々に堅実に進みたい。そのためややもすると猪突したがる軍部一派を出来るだけ抑えると共に、彼らの要求の中、合理的なるものはこれを取り上げて行く。

ところがこの近衛の立派な覚悟と方針をあざけ笑うが如く、一ヵ月後あの日本陸軍による盧溝橋事件が勃発したのはなんという皮肉。昭和一二年七月のことです。支那事変の始まりです。両軍の衝突の理由は不明であったが、大隊長は中国（支那）軍の敵対行動が確実だと認め、これを連隊長牟田口廉也大佐に報告すると、彼は「断乎戦闘するも差支えなし」と命令し、戦闘は開始されたという。日本は常に対ソ戦への準備しか頭になく、対支戦は考えていなかったのですが、第一線現地部隊や関東軍は、満州事変で味をしめ、禁侵略の、つまり不拡大方針のブレーキが当時効かなくなっていたのです。

この時の近衛首相の行動は、参謀本部に文句を出せませんでした。参謀本部は勝手に北支派兵案を認め、なお近畿以西の全陸軍除隊延期を決定するという態度をとったのです。このような差し迫った政局を遠山茂樹・今井清一・藤原彰共著『昭和史』（岩波新書、昭和三四・八・三一）で近衛はどうしたかを論じています。

近衛首相は、異例の方法をとって政界、財界、言論界の代表を召集し、政府の決意を表明して全面的協力を要請した。七月十三日附の新聞では現地解決案は片すみに小さく扱われただけであった。一面から三面にかけては大々的な国民の戦争熱をあおるような記事が充満していた。戦後、近衛が書いた手記では、陸軍にひきずられたのだと語った（『平和への努力』）。しかし彼自身、はじめから現地解決以上の気構えをもって、臨んだことは明らかである。あのような大戦争になることは望んでいなかったにせよ、この機会に一撃を加えておくべきだと考えたのである。

と。

板垣征四郎関東軍参謀副長や土肥原賢二特務機関長が、支那駐屯軍の酒井参謀長とその一味と画策実行した華北侵攻のつぎに、支那事変が発生するのは、大本営、参謀本部としても自然の流れであったように思えてなりません。

東條内閣の後釜の小磯新首相が早速東條に会見すると、小磯は君が内閣に残るのはよくないぞ、と先輩として言うと、東條は「うん」とは言わなかった。まだ、きっと陸軍大臣として残りたかったのか。それはかつて寺内陸軍大臣が使った手、「陸軍三長官会議できめることだ」と東條が返答したというのです。三長官会議とは、陸軍大臣・参謀総長・教育総監の合同会議のことです。小磯の現役への復帰の反対は、明明白白です。東條の性格、大臣病、権力支配がすけて見えて来ます。陸軍にはこうした東條のような好戦的人物の背後に、中国侵略を不正義と思いもしない考えが一本貫いていたとしか思えません。なぜなら、政界の大御所的存在の近衛は現総理大臣でありながら、軍圧力に敗北して、遂に支那事変を許容することになってしまったからです。陸軍には東條の先輩や後輩に東條のような人物は少なからずいたのです。細川護貞は近衛の身内のひとり、文麿についてというより、家系について述べております。

洗練された、どことなく寂しげな風ぼう。理知的な瞳。汲めども尽きぬ親しみ。彼と面と向かっていると何から何まで話してしまいたくなる気持。そしてそのすべてを理解してもらえたという喜び。てらった所や、気負った感じのまるでない、インテリの弱々しさを思わせるその底に、梃子でも動かない強さを秘めたあの性格の魅力は、いったいどこから生まれたのであろうか。生得のものか、後天的なものか。まず彼の生き立ちから見て行こう。

彼は、臣下としては我が国の最高の名門、近衛家の嫡男として明治二十四年十月十二日に東京で生まれた。藤原鎌足から数えて四十六代、近衛を名乗ってから二十九代目である。伝説によれば鎌足は、天孫降臨の際に共奉した最上位の神、天児屋根命の二十一代の子孫で、代々朝廷の祭礼を掌ったといわれている。

鎌足以後の家系譜を見ても、そこに現れている名前は、いつの世にも政治の中心となったものばかりである。このように、千数百年の長い間、彼の血は政治の中枢を流れ流れて、ある時は岩に激し、ある時は淵によどんで、歴史の形勢に与って来たのであった。彼の曾祖父・忠煕は徳川幕府の為三年の間幽閉されていたし、父・篤磨は薩長藩閥勢力に抵抗し、隣国中国民と手を携えて東亜の安定を画策したのであったが、僅か四十一歳の若さで、世を去った。文麿十三歳の時である。

と名門ぶりを表現しております。

こうしたところから出現した最初の近衛内閣は、なにをしてきたのか調べてみますと、あの支那事変を止めさせることが出来ず、結局戦争体制を逆に強化していったことです。たとえば「国家総動員法」の成立がこれを示しています。こうなれば、枝葉の法律はなんでもござれです。大政翼賛会とか大日本産業報国会とかすべてが軍部協力のために結成されたものです。むろん言論の自由もありません。政党も消えます。反対に国体の明徴運動がおこります。「青少年学徒に賜りたる勅語」の発布とか小学校をあえて国民学校と改名さえしたのはみな近衛内閣が指導したことです。

長びく支那事変中、近衛内閣は計三度も戦争に対処、指導した訳です。しかも日独伊三国同盟のつぎは日米の外交の困難な仕事もあるのでした。独ソ開戦を知って、三国同盟を廃棄する勇気もありません。すでに日ソ中立条約は締結してありましたから。この三国同盟条約から抜けていたなら、アメリカとの戦争は回避できたのかも知れなかったのです。いや、これは甘い考えです。問題は中国大陸からの日本軍の撤兵と仏印からの同じく撤兵です。勝ち目のない支那事変を終結すべきですが、なんといっても陸軍はあげてこれに絶対反対ですので、いかに側近で身内の細川護貞が、近衛文麿は政界の大御所だと高く評価していても、まったく歯がたちません。近衛は逆に彼の理想論を捨て、軍部の方針になびき、支那事変を拡大してしまった大きな責任があったのです。

武田泰淳は『政治家の文章』（岩波書店、一九六〇・六・一七）を日米安保条約反対のさ中、この本を出版しました。武田の近衛論はつぎのようなものです。

近衛の「平和論」に、性急な独断や思い上がり、英米に対抗する「国志心」と、アジア諸国を力を以てあしらう後ろめたさの矛盾が含まれていることは、火を見るよりあきらかである。しかし彼の「平和論」にはまた、少年時代の作文にあらわれた、一種のけなげさと、ういういしさがふくまれていた。彼が見ぬいたような、「いわゆる平和主義者」、現状維持のための狡猾な平和論が完全に消えてなくなっているか否かもまだまだ、疑わしいのである。ヒューマニズムの其処にひそむエゴイズム、デモクラシイが手ばなすまいとする不平等、支配する者と支配される者のあいだの矛盾、強き者弱き者をへだてる差別、その国際政治そのものに内在する黒々としたものは、依然として存在している。

私は結局のところ、近衛の寺内陸相に対して抗議の手紙—大命を承る宇垣大将を拒否するということは大義に反する—正当論でたとえ殺されても本懐だという立派な意志を知っても、政治の現実に実を結ばなければ、政治力があるとは言えないのであります。

支那事変を終結できなかったばかりか、この長い戦いは、対米英戦争に拡大していく糸口となっていくばかりでした。近衛の三次に亘る内閣の政治の責任は、満州事変を始めた関東軍の何人もの指導者たちに加え、支那軍に攻撃を命じた牟田口廉也などの許してはならない行動を、逆に評価してしまった昭和天皇の責任は明白です。むろん先手先手と戦火を交えた指導者たちとのその責任は、天皇の責任と共に並ぶものであると評定せざるを得ないと、私は思うのです。いいえ憲法上は、並ぶどころの話ではありません。鳥居民が『近衛文麿黙して死す』（草思社、二〇〇七・三・二八）で、最大の戦争責任者は内大臣の木戸幸一であって、近衛ではないの論調を展開しているのは、まったく当を得ていないのです。

八　昭和一四年間戦争の指導者たちの罪

昭和六年九月一八日に、満州事変は始まりました。その後、大小さまざまな戦いが続きます。

昭和一二年七月七日、支那事変が始まりました。この間、中国以外の国への出兵、つまり戦争がありました。

昭和一六年一二月八日、今度は米英との戦争が始まりました。オランダ、オーストラリアとの戦いも同時に始まっています。そして昭和二〇年八月一五日、この戦争は、敗北して終わったのはご存じの通りです。この時、ソビエトロシアの魔手が、北方領土を侵略する一方、シベリアへの日本軍を拉致し重労働に課す不法。

このように休みなく、私たちの日本はよくも戦争ばかりして来たものだと呆れてしまいます。軍人は戦争が好きでたまらないように思えます。山県有朋なき後は、とくに陸軍内に藩別の争いから次第に醜い分派の争いがおこり、あげくは参謀本部を根城に「統帥権」の濫用で、天皇無視の習性をつくっていくのです。このような軍政の雰囲気の中から、国民のための平和の政治思想が消えていくのはむしろ当然のことです。軍人による政治ですから、何事も権力主義です。明治時代の川上操六、田村怡与造、児玉源太郎のような将軍不在の、昭和時代の将軍たちばかりです。派閥争いに明け暮れているような高級軍人が、不幸にも主導権を握っていくのです。しかも彼らの多くは佐官級の軍人ですから、将官級軽視の下剋上がまかり通ってしまったので軍隊としての統制が崩れていくのは当然です。

あの中国大陸からの日本軍の撤退など、賛成しようもありません。賛成する者なら命をかけなければなりません。死を覚悟しなければなりません。軍政の総理や大臣や参謀本部が真向から反対しますから、発言できません。憲兵や警察権力を握っているのは東條英機です。勝つまで戦争は続ける。完遂はその時で、というのが彼の考えです。

このながかった昭和の戦争の呼び方が二転三転しました。このいきさつを保阪正康が毎日新聞（二〇〇三・六・三〇）に解説していました。

昭和の戦争の呼称は、むろん思想や戦争目的が反映している。現在の主流ではないが、「大東亜戦争」は、対米英戦を始めたあとに、大本営政府連絡会で呼称についての論議があり、陸軍の主張したこの呼称に落ち着いた。このとき海軍側は、太平洋戦争という案をだしているし、興亜戦争、対米英蘭戦争という案も論議の対象になっている。昭和十六年十二月十二日に情報局は、この会議の結論を踏まえて、「今次の対米英戦は支那事変をも含め大東亜戦争と呼称す」と発表した。「大東亜新秩序建設を目的とする戦争」だとも補足している。

逆に、太平洋戦争は敗戦後にGHQによってもちこまれた。昭和二十年十二月八日から十七日までの十日間、GHQ民間情報教育局の将校の筆による「太平洋戦争史」という戦史が全国の新聞に一斉に掲載された。この戦史は、日本軍国主義の主導者の弾劾、戦時下で国民に伏せられていた事実を明かし、軍部の戦争指導者と国民への弾圧、海外への侵略行為を厳しく批判していた。太平洋戦争という語は、この連載をもとにして一般で用いられることになった。

加えて、GHQは十月五日にプレスコードによって、「大東亜戦争」「大東亜共栄圏」「八紘一宇」などの使用を禁じていたし、十二月十五日には教科書の改訂が命じられ、大東亜戦争という語もすべて墨塗となった。

大東亜戦争にしろ、太平洋戦争にしろ、そのときどきの権力機構が決めて国民に使用を命じたのである。

私が太平洋戦争という語を用いるのは、学校教育やメディアでなじんできたためなのだが、ではアメリカの説く史観に賛成しているのか、と問われれば、答えは留保する。「太平洋戦争史」の記述には必ずしも納得していないからだ。さりとて、大東亜戦争という語はあまりにも権力的であり、戦争目的そのものに反する史実が多すぎるように思う。なぜ「大」をつけなければならないのか、との素朴な疑問もある。

このような保阪正康の考えをうけて、私には私なりの呼称の考えがあります。私は満州事変から太平洋戦争までの間を鶴見俊輔のように足掛けで、一五年戦争とは言いません。しかし、この一五年戦争という呼称は今では一般化されておりますが、決して正しい呼び方、定説とは私は思いません。

相手は戦争です。足掛けではいけません。

満州事変は昭和六年の九月一八日に始まりました。太平洋戦争が終わったのは、昭和二〇年八月一五日です。満で数えるとちょうど一四年間になります。そこで私は「昭和一四年間戦争」と呼称しております。いまだこのように呼称している人はいませんが、私はこの呼称にこだわり、このように満で数えてカッコ内のように呼称してきました。付言すれば宮本百合子は『歌殻よおこれ』（解放社、昭和二二・八・二〇）の文中で「十四年間の戦争」という正確な表現を使っています。

そしてこの長い一四年間の戦争の悲劇、いたましい相互の国民に与えた責任の問題、この大問題に私は長くこだわってきました。そこで憲法に眼を向けなければなりません。日本のあの大日本帝国憲法のことです。

第一一条は「天皇ハ陸海軍ヲ統帥ス」とあります。また第一三条には「天皇ハ戦ヲ宣シ和ヲ講シ及諸般ノ条約ヲ締結ス」とあるのです。

つまり日本の軍隊は天皇の下にあり、天皇の命令によって行動することになっているのです。この天皇の日本の軍隊は、したがって天皇の最高位の階級大元帥陛下の下に統制されているのでした。どのように統制されているのか。「天皇ハ戦ヲ宣シ」たり、また「和ヲ講シ」たる最大の権力を有している訳です。

「戦争をしなさい」という権力、「戦争を止めなさい」という権力は、天皇にだけあったのです。満州事変や支那事変の時、この権力は、「あと出し」になっていますが、すべて部下の将兵の責任だとは憲法上言えないのです。憲法一三条の条文の通りに戦争が開始され、また終結したのが、太平洋戦争でありました。まさに憲法通りで、国民の誰にもよく理解できた姿、実態でありました。

したがって「昭和一四年間戦争」の責任は、まぎれもなく昭和天皇であります。昭和天皇の下で、全国民は戦争に参加したのであります。最大の戦争責任は、憲法上からも実態からも昭和天皇ですが、どうしてかそこだけをあえて避けて論評しているのが、多くの戦争責任論です。

東京での国際軍事裁判で、戦争責任はすべて終了したというのも多くの日本人の考えです。ほんとうは、日本がしかけた戦争の責任は、日本の裁判で正しく決着をつけるのが筋だと思うのですが、このようなことは一切出来ないのが日本人の実態でした。一九四六年三月、幣原喜重郎総理は「戦争調査会」を立ちあげましたが、会で戦争犯罪者の責任を追及するような考えではない、の声明。ただ横田喜三郎他が戦争責任者の処罰を主張しましたが賛同する人は多くありませんでした。

遅まきながらも二〇〇六年読売新聞社は、戦争責任検証委員会を立ちあげ『検証　戦争責任』（中央公論新社）を発行しました。立派な仕事です。

個人としての著述は家永三郎の『戦争責任』（岩波書店、一九八五・七・一九）です。彼は、

> 私たち日本人にとっていちばん大切な日本国家および日本国民の戦争責任をどのように処置するかについてまず考えねばならない。何よりも遺憾なのは、日本国家も日本国民も、自らの自発的反省に基づいて戦争責任の始末を正しくつけなかったにとどまらず、戦後四〇年を経た今日にいたるまでその始末をつけることを回避しようとする傾向が顕著であり、それが戦後の日本の歴史の方向を大きくゆがめる要因となってはたらいている事実である。（傍点清水）

と立派に記述していました。今は戦後四〇年どころか七五年、七七年、いやすぐ百年になろうとしているのに、この問題は一切進展しないどころか、消滅しているのが現状です。

若槻泰雄も『日本の戦争責任』（原書房、一九九五　七・二五）で激しい言葉でこの大事な問題について書いていています。むろん前田朗の「戦争犯罪論」に注目しなければなりません。

満州事変の開戦は、天皇の命令無視で始められたものであったが、すでに一〇日前に関東軍司令官の本庄繁に対し勅語が下されていたのです。「卿ノ勳績ト将兵ノ忠烈トヲ思ヒ深ク之ヲ嘉ス」と。これでは板垣征四郎や石原完爾が謀略を画策しても、許されると思ってしまうのも無理はありません。天皇が「戦ヲ宣シ」たのも同然ではありませんか。

支那事変の時には、後出しの勅語でした。昭和一二年の一一月一二日です。夏の戦争開始からもう秋になっていました。近衛総理の立場もあって、遅くなったのではないかと私は考えています。天皇は躊躇していたのでしょう。天皇は戦争反対、総理も反対。しかし中国大陸では戦争が、天皇の許可もなく進展しているのです。満州事変の時と同様、「戦ヲ宣シ」とすることでなく、勅語でその意味を後出しで承認しているのであります。故に、また戦争でも後出しは、満州にも支那にも「事変」としたのです。

北支内蒙に作戦の陸軍将校に賜りたる勅語の結語はこのようにあります。

「惟フニ派兵ノ目的ヲ達シ東洋長久ノ平和ヲ確立セムコト前提尚遼遠ナリ爾等益々志気ヲ淬厲《さいれい》シ艱難ヲ克服シ以テ朕ノ信倚ニ副ハムコトヲ期セヨ」

将兵の理解も出来ない漢字の使用は、天皇の神格を感じさせようとする意図。その手がすけて見えます。この八日後の一一月二〇日には、上海方面に作戦の陸軍将校に。同日、支那方面艦隊司令長官に賜りたる勅語もありました。ほぼ内容も、陸と海の違いだけです。

「前途尚遼遠ナリ爾等益々」、陸軍には「淬厲シ」であり、海軍には「奮励ヲ加ヘ」という文面です。そして、なお同日、連合艦隊司令長官にも勅語が下されたのです。

天皇は支那事変をこうした形で、「戦ヲ宣シ」したことを憲法上認めたのであります。このように天皇に戦争の開始の宣言をさせたのはいったい誰でありましょう。むろん、一人二人ではなく、何人もの軍人が荷担したことはすでに知られているところです。しかしその首謀者としぼるとすればどうなるか。私はつぎのように考えています。

満州事変の首謀者は、板垣征四郎と石原完爾の両名です。

支那事変の首謀者は、牟田口廉也の命令で口火が切られたからです。そして現地の争いを治めることの出来なかった近衛文麿総理です。

牟田口は第一五軍司令官としてビルマ作戦の責任者になっていた時、「盧溝橋でもシンガポールでも天佑神助で勝った。今度も必ず成功してみせる」と豪語しての着任です。盧溝橋の指導を誇っているのです。しかし戦史でいちばん悪評の高いのが、このビルマ作戦ではありませんか。読売新聞記者飯塚正次は「死の盆地インパール」と題し『大東亜戦争』（富士書苑、昭和四三・一一・二〇）に、つぎのように記録しているのです。

ここへ来てはじめて「烈」師団長佐藤中将が、一発の弾丸も一粒の米もうけずに戦いができるか、と言って、独断で兵をコヒマ方面からさげたため、牟田口将軍の激怒にふれて、予備隊に編入され師団長を罷免されたことを知った。このためコヒマ方面の英印軍はすでにマニプール盆地の英印軍と合流し、コヒマ—インパール道路上には連日連夜戦車と装甲車が往復し、「祭」師団は南北から包囲砲撃され、完全に袋のねずみとなった。いまや「祭」師団はただ密林を逃げまわる『名のみの軍隊』と化した。しかも牟田口司令官は、この敗走する「烈」と「祭」の両師団に対して、相協力してインパールを攻略せよと命令し続けた。参謀が前線近くに行って敗走してくる兵隊をみつけると『まわれ右』を命じて、再び前線に追いやった。そこには地獄のような、『白骨街道』がえんえんとつづいた。

というのです。その牟田口は平然と内地へ帰還しているのです。

この太平洋戦争の指導責任者は、極めてはっきりと昭和天皇と東條・近衛両総理大臣の神格と人格の三人であります。

昭和一六年一二月八日、天皇の米国、英国にたいする宣戦の詔書が発表されました。

「朕茲ニ米国及英国ニ対シ戦ヲ宣ス朕カ陸海将兵ハ全力ヲ奮テ交戦ニ従事シ朕カ百僚有司ハ励精職務ヲ奉行シ朕カ衆庶ハ各々其ノ本文ヲ尽シ億兆一心国家ノ総力ヲ挙ケテ征戦ノ目的ヲ達成スルニ遺算ナカラムコトヲ期セヨ」

同時に「陸海将兵に賜わりたる勅語」も発布されたのです。

「朕ハ汝等軍人ノ忠誠勇武ニ信倚シ克ク出師ノ目的ヲ貫徹シ以テ帝国ノ光栄ヲ全クセムコトヲ期ス」

そして昭和二〇年八月一四日、「戦争終結の詔書」となって、翌日の一五日が敗戦としての終戦ということになったのであります。

八月一七日に「陸海軍人に賜わりたる勅語」は「国家永年ノ礎ヲ遺サムコトヲ期セヨ」と諭

し、八月二五日の「陸海軍人に賜わりたる勅諭」には「戦後復興ニ力ヲ致サンコトヲ期セヨ」と、力をこめた言葉です。

こうして私の呼称する「昭和一四年間戦争」は、ここにやっとさまざまな問題を残したまま終結したのであります。

さまざまな問題の重要な課題、決して無視してはならない問題について考えない訳にはまいりません。

まずは戦争指導者たちの戦争責任問題です。その犯罪性です。また戦争に従事・参戦させられた日本国民全体の自らの反省のことです。七七年後の今日現在に到るまで正しくなされなかったことです。

たとえばいちばん目立つのが政治家の不正問題回避に見られるさまざまな反社会的問題です。しかし問題にはなりません。

分かりやすいのは、たとえば毎年八月のマスコミ主演の平和主義主張の声高の中に見られるものです。戦争責任皆無の日本劇場での夏季公演のありさまです。ほんとうにあれは平和運動か。台風のように襲い、台風のように消えていく。

こうしていつしか無責任体制の如く心の中に根付き、国の独立自尊の心が喪失し、強者への卑屈が卑屈として反応しないのか、情けない日本人の今の姿だと思うのです。

九　今に続く無責任体制の国柄

日本人の多くは、あの東京での国際軍事裁判で、日本の戦争責任は、終わったものと思っています。この裁判で東條は、「日本ハ独立国家トシテ、自存自衛ヲ全ウスルタメ敢然開戦ヲ決意スルニ至タノデアリマス」と弁明しております。この東條の「自存自衛」という考え自体に大きな誤りがあることに少しも気がつかないのです。

侵略という意味さえ理解していないからです。他国の支配している土地を奪い取ることが侵略です。奪い取るために、そこへ踏み込むことです。たとえば中国大陸に進駐している全ての日本軍隊を引きあげさえすれば、日米戦争は始まりません。このことには眼を閉じ、なにが「自存自衛」の日米戦争か、考えてみれば理解できるということです。しかし、東條のみならず、こうした考えの日本人が意外に多いのも事実です。東京裁判で日本の戦争責任は、すべて解消したものと早合点しているのです。ですから靖国神社にA級戦犯者が合祀されたからといって、とりわけ騒ぎ立てる問題ではないと考えているのです。

昭和五三年の秋、次の戦犯者たち一四名が合祀されたのでした。

東條英機、板垣征四郎、土肥原賢二、松井石根、木村兵太郎、武藤章、広田弘毅（以上刑死）、白鳥敏夫、東郷茂徳、小磯国昭、平沼騏一郎、楳津美治郎（以上受刑中死亡）、松岡洋右、永野修身（以上未決拘禁中死亡）。

合祀は靖国神社の権宮司松平永芳が、相談もせず独断した行為でした。神社側とすれば戦後三三年も経過しているので、明治以来の伝統として靖国神社にまつることが適当、A級戦犯とはいえそれぞれ国のために尽した人であることには間違いないし、遺族の心情も思えば、放置しておくわけにも、という藤田勝重権宮司の補則的支援の考えでもあります。

こうした考えを知ると、東京のあの裁判はなんのためであったか、すべて帳消しではありませんか。また、明治以来の伝統とはなんのことか、肝心の靖国神社の責任者がこのことにも間違った運営をしていることが分かってきました。

靖国神社の出発は、一口に言えば、国のために闘って死んだ者を慰霊するために建立されたものです。神社とするよりも寺とした方が理にかなっていると私は思うのですが、人格の者を神格にしても、死者なら許されるという思想です。政教分離の原則から、政府の公人が靖国神社を参拝するのは、憲法違反などと主張する説は誤っております。問題はそんなことではなく、戦死者でもない軍人・非軍人の刑死者を祀ることに問題があるのです。靖国神社を、神社創立の精神を無視して、「明治以来の伝統」云々と、まったくお門違いの発言は笑いものでしかありません。戦争で亡くなった軍人たちの魂を、合祀によって汚すことになりました。松平永芳の合祀行為は、萬死に値すると英霊に代わっていわなければなりません。

昭和天皇は、戦争責任を感じて、毎年靖国神社へ参拝されておりましたが、合祀を許せず、と昭和五〇年以降はピタッと参拝を止めてしまいました。天皇を裏切ってまでした戦争責任者の臣下どもが、合祀され神格され味噌も糞も一緒にされた神社に何故参拝できるのか。これが静かな天皇の抵抗だと私は推察しております。色川大吉は、天皇はロボットではない。張作霖軍を関東軍参謀河本大佐が爆殺した時、田中首相を怒って、総理を辞職させたのではないか。二・二六事件のさい、直ちに鎮定せよと激怒、終結させているではないか、とこの二題で天皇ロボット説を否定しているが、これは木を見て森を見ない狭見です。ロボットでないなら、責任があるのです。

この合祀問題が明らかになると、中国と韓国からの総理大臣参拝批判が強烈におこり、以後歴代総理大臣は堂堂と参拝できなく、これが今になお及んでいるのです。それでありながら、歴代総理は、一四名を分祀することが出来ない始末なのであります。恥かしいことです。

なぜ分祀ができないのか。靖国神社側は、二四六万柱の戦没者は一括され祭られている「座」となっているというのです。すべてのこうした祭神は一つの「座」に祭られているので、今さら分祀は不可能だと珍妙な説明をして、反対している訳です。ところが調べてみると、台湾出兵中病死した北白川宮だけは、皇族故に、独立した「座」に祭られているという事実が分かったのです。一括一座方式ではないのです。死者にも差別してきたのです。座と柱とはどう違うのか。みな、人間が都合よく決めているに過ぎないのです。柱をなぜ認めない。分祀が出来ない訳はありません。こんな些末なことが訂正できない日本国の姿は、情けない限りです。中国や韓国からの非難をいち早く解消するためにも、分祀は必要です。国民代表の首相が参拝したくても出来ず、玉串料・榊に代行させる無様さから、いち早く脱却すべきなのです。

日本国がこのような靖国問題にしても、まったく無関心であり続けるのは、戦争責任者たちへの戦争責任追求放棄の態度そのものの証拠なのです。じつは国民自体が侵略戦争に対して、何等の責任も感じていない証拠なのでもあります。つまり、私たち国民にも戦争責任は当然あるのです。その自覚のないところに、日本の弱点である無責任体制を許す国民思想が、戦後一貫しているのです。

こうした無責任体制を自覚しない一方で、首相や閣僚の靖国神社参拝を、あたかも軍国主義肯定かの如く論調する風潮は、戦争の体験、その悲惨を知らぬ戦後派の世代のようです。

靖国神社は宗教的存在ではありません。むろん寺でもありません。教典というものがここにはありません。神社ですから信者を増やす必要もないのです。宗教ではないのです。某某神が祀ってあるのではないのです。人格神となった戦死者のみの霊を慰める場所以外のものではありません。慰霊と顕彰の無宗教の桜の園靖国です。憲法二〇条とは関係がありません。宗教法人から解除し、国防省の所管とすべきが妥当です。これが私の考えです。

戦後生まれの人間でも、日本に生まれた以上日本人です。先代の戦争責任を戦後派までとる必要は無いという言い分は海外にわたり成り立つものではありません。戦後世代の加藤典洋はこの問題を考え通した第一人者でした。天皇の戦争責任はつめて言えば、道徳的責任だというのです。これに対し橋爪大三郎は三百万の死者を戦争で失ったが、これ以上死者を出してはならないと七千万人の命を救うために戦争を終結した「人物」は天皇ただひとりだと主張するのです。奇妙な天皇の戦争責任論ではないかと思います。開戦の詔書は誰が出したのですか。

私は日頃から天皇には責任はない、という風潮をずっと耳目にしてきました。この無責任論調は、戦後政治問題に連続して行きます。

都留重人が『日米安保解放への道』（岩波書店、一九九六・一二・五）を説いても、一歩としてこれを解消する気配はありません。それどころの話ではなく、年年、「日米同盟」というイツワリの表現でこの風潮を強固にするばかりです。その証拠は、「日米地位協定」にあります。この隷属的協定のために、日本は本質的には主権国家とは言えません。私は準国家と呼称しております。少なくとも、この地位協定を廃し、日米安保条約を対等にしてこそ「同盟」と称すべきものと考えています。

自分の国をアメリカに守って貰うことが不思議に思えない日本人の戦後の歴史です。自分の国は自分で守るという当然の考えが喪失しているのです。こうした愛国思想は非難の的となっているのです。アメリカと対等の日米安保の条約になった時、日本は晴れて主権国家と言えるのです。そのためにもGHQによる日本国憲法は、直ちに捨て去り、日本人の手で、力で、国産の憲法を創立、制定すべきものと、私は考えているのです。

日米安保の改定とか、日米地位協定の破棄という難題に眼を向けていないのは、日本人の母国への愛情の欠如としか思えません。奴隷の思想に同化しているのでしょう。

私は日本政府が、アメリカに対してこうした改善への働きを一切していないとは思いません。極めて小さな案件が、沖縄などで解決していることは知っています。しかし肝心の一点、日本国民が求める主要な米軍基地の返還がなされないことであります。

心からの同盟でなければ、真の力にはなり得ない筈です。アメリカは自国を守るために、日本を利用しているのではないかという、疑心暗鬼を抱いている知識人はおります。

私は以上、戦争責任論としての考えを述べてきたつもりです。むろんこれだけでは片手落ちであります。必要なのは新生の「日本国論」です。ナショナリズムを批判することが、一部の知識人やジャーナリズムの正道の如くに考えている日常の言葉は誤りです。ナショナリズムそのものは正当な思想です。私が今述べてきたように、昭和一四年間の戦争下の日本は、まさに間違ったウルトラ・ナショナリズムの支配下でありました。正当なナショナリズムに偏見を持つのは、禍のもとになります。

日本人が無心で自分の生まれ故郷を愛するように、日本の国を愛することは、美しいことです。美徳というものです。

人生の道は徳の道である、と中国の高僧が説いておりました。そのように生きたいものです。

（二〇一二・三・一一）

Ⅱ　武士の一分から軍人の本分へ、そして市民へ――明治の軍人・石光真清

明治四年八月、武士に対し散髪廃刀の許可というより命令が新政府から降りた。しかし武士の多くはこれを無視、なかなか実行する者はいなかった。

明治九年になってもここ熊本細川藩には、散髪廃刀の風潮は武士の恥だという一部勢力があった。伝統的な国粋精神を重視し、新政府の欧化主義に反対していた。こうした武士集団を神風連《じんぷうれん》と呼んでいた。

十歳の少年石光真清は武家、藩の産物方頭取の息子である。神風連の人たちに興味があった。父真民はとうに武士の世ではないと悟り、服装にも配慮していたが、息子の姿にはあまく今日まで、今迄通り士族の格好を許してきた。

武家に男子として生まれ、髪を結い、武士の魂だと教えられた刀を、手放すことにどうしてなったのか真清には分からなかった。

神風連の人たちは、法令などに頓着なく胸を張っていた。だから少年真清は、そのように思うのであった。少年真清の告白はこうであった。

「人が切るから自分も切る。それでは人真似をする猿だ。男子は勇気と決断が肝要だ。さあ真佐子、鏡台と鋏を持っておいで」と父は姉に命じた。今は逃れる術もなく、私は涙を拭って傍らの朱鞘を両手に捧げて床の間の刀架の前に進み、膝を折って刀を掛け、そこに両手をついてお辞儀をした。姉は鏡台と鋏を縁側に揃えて私たちの有様を眺めていたが、堪らなくなって顔を袖に埋めた。進歩派の母も涙を拭った。幼い妹はその脇に坐って不思議そうに私たちを見詰めていた。

私は涙の顔を父の方に向けて、「お父さま、刀をお返しいたします。永いこと有難うございました」と礼を述べると、また急に悲しみの涙が溢れて来た。静かに立って鏡の前に坐ると、父は鋏を取って背後に廻り、暫く私の稚児髷を見下ろしていたが、母や姉がまだ泣いているのを見て、「これ、正三がこのように決心をしているのに、なぜお前たちは悦ばんのだ」と叱った。母も姉もはっとした瞬間に私の髷は切り落とされた。続いて真臣の髷も切られた。父は鋏を母に手渡すと、「世の中はどしどし変わってゆくなあ」と感慨深そうに独り言をいって次の部屋に去って行った。

私は悲しかった。自分のざんぎりの丸腰姿が、まるで刀を奪われた捕虜のように惨めに思われた。考えてみれば西洋文化のために、意気地無く捕まった捕虜に違いないのである。私は往来に出るのが恥ずかしく邸内にとじこもっていた。

この直後、神風連と熊本城内の鎮台の間に戦争が始まった。神風連の奇襲であった。

隊長太田黒伴雄、副隊長加屋霽堅《せいけん》、連隊総員百七十人。第一隊は熊本鎮台司令長官種田政明少将宅、第二隊は与倉知実宅、第三隊は高島茂徳中佐宅、第四隊は安岡良亮権令宅、第五隊は太田黒惟信宅、第六隊は砲兵営場内、第七隊は歩兵営場内へと別動攻撃をしかけた。

結果は一夜にして惨敗。刀や槍は鎮台兵の銃砲の前で、余りにも前時代的な代物だった。残党は自刃、残った者も死罪や禁固刑となった。

事件後熊本鎮台の司令官に、谷干城少将が着任した。この谷少将が、石光真清少年の家に部屋借りとなる。少年はこのような妙な縁に違和を感じていた。神風連好みの少年にとって、鎮台の軍人たちには好意が湧いてこないのであった。

鎮台内充実を計画した政府からか、谷少将が選ばれて派遣されて来たのである。その彼が少年の父になれなれしく挨拶した。野田軍吏正殿のお兄様であると知って、突然で失礼ながら推参つかまつり申した次第です、と。のちに有名な武将となる二人の樺山中佐と児玉少佐をこの時従えていた。

石光真清が正しく叔父野田軍吏正について詳しいことを知っている訳ではまだない少年だった。

明治十年二月十五日、西郷隆盛は二万五千の兵を率いて鹿児島を発った。鹿児島市中での政府派遣のスパイの暗躍、なかでも西郷本人の暗殺指示の有無を無二の友人であった大久保利通に糺すため、一行は熊本経由で東京への行軍であった。政府は上京阻止。このため戦火。熊本城は焼けた。外形は残った。最初、少年の住居付近一帯は西郷軍が跋扈していた。少年は高台から城下の戦火を眺めるのが好きだった。燃える天守閣を眺めながら、西郷軍憎しを心にした。城が焼け家族の者たちはみな泣いた。戦火は拡大し、避難が求められてきた。父は命令した。正三〔真清〕は十歳だ、お前は残れ、他はみな避難先へ行け、という情けない始末になった。

父に黙って少年はまた戦争見物に出た。その時西郷軍の隊長に出合った。彼はこのように書いている。


「お城の陥落するのを見たいのです。お城を攻めるにはこの祇園山を一番先に占領して、大砲を打込めば、お城は難儀すると、加屋先生が申されました」

「加屋先生とは誰か」

「神風連の先生です。去年の秋、党人と一緒にお城に斬り込んで戦死されました」

「ああ、加屋霽堅先生か。そんなことを申されたか」

「小父さんも、薩軍の将校でしょう」

その人は私のぶしつけな質問に、私の顔を見詰めた。「わしは村田新八じゃ。お前は中々の元気者だな。きょうはこれでお帰り」と大砲陣地の方へ去って行った。

「村田新八、村田新八」私は口の中に何回も繰り返しながら後姿を見送った。この日もとうとうお城は落ちなかった。

とうとう落城しなかった、というのは官軍の力に感心してなのか、それとも猛攻している薩摩軍にしてもなかなか思うように占領できなかったという意味なのか、少年の心は揺れ動いていたのかも知れない。落城を見たいとは何事か。第二大隊長の村田新八に喋り過ぎていることに気がつかない。

次は田原坂の攻防戦の様子が少年の気にかかった。聞けば姉の夫の登三郎が警視で、このさい東京在の警視も軍隊同様、この戦いの応援に借り出されたというからである。

田原坂攻防戦に参加した者の報告を一家は聞いた。

決死の官軍勇士は、薩軍の塁に身を挺して突入するが、後詰めの兵力が続かず忽ち刃に伏してしまい、徒に兵力を損するばかりで何の効果もない。しかしこんなことが毎日繰返されて田原坂には両軍の死屍が重なり合っているが収容の道がなく、流血は坂路を染めて鬼気迫るものがある。ところで、三月十三日である。東京から応援の警視隊が三百名ばかり南関に到着した。

官軍は続く激戦に兵士の死傷が多くなるので将校会議を開き、新鋭の警視隊の中から決死の百名を選抜して抜刀隊と称する一隊を組織し、薩軍の陣地に突入させて堅塁を抜く作戦をとった。この計画が伝わると警視隊の面々はわれ先にと志願したので、隊長は厳密に銓衡して百名を選んだ。選ばれた隊員は悲壮な血盟を結んで、十五日午前十時高瀬に入り木葉に到着した。

この百名の抜刀隊は二隊に分かれ、十六日の払暁、一隊は川畑警視が率いて正面から、一隊は上田警視が率いて側面から、薩軍の堡塁に突入した。敵味方入乱れて激戦となり、百人の抜刀隊のうち生きて帰った者は僅かに三十名に足りなかった。

心配していた義兄登三郎の訃報は、意外にも遅かった。鎮台内の兵は主に農民出身の非武士層であったのだが、この戦いは武士と武士との戦いであった。警視隊員はすべて元武士であり、軍隊同様の威力を十分保持していたのである。

義兄の戦死を知った時、薩賊という叔父野田豁通《ひろみち》〔軍吏正〕の言葉が少年には許せないのだった。彼は薩軍の人人は官賊と言っていたと叔父に抗議した。すると叔父は笑いながら「西郷どんも無茶をされたもんだ。陸軍にとっても惜しい将軍だがなあ。だがもう日本は国内戦争などしている時ではない。四面何れを見てもわが国を狙う敵ばかりだ。早く軍を拡充して外敵に備えなければならん。どうだ坊たちは成人したら何になるつもりか」

その時、正三ははっきり大きな声で「僕も軍人になります」と応えた。さらにはまた死期も近き頃、父から「正三お前はなにになる」の質問に対し、まようことなく「軍人になります」と約束したのであった。その父は〈生まれながらの腺病質の身体に、時代のあらしは無情であった。まだ五十歳にならぬ父真民の顔は、深い皺に刻まれて、薄くなった頭髪にも顎髭にも白髪が目立っていた。激しく移り変わった世相を追憶しながら、静かに撫でている手の甲は、木の葉のように薄く痩せて、皺に覆われていた〉と正三は父の思い出を感慨深げに語っているのであった。

父真民の喪が明け、正三は小学校へ入学した。本山小学校は折しも兄の真澄が東京から招聘され教鞭を執った。生徒に徳富健次郎やのちに将軍になるような賢明な者たちがいた。しかし間もなく教師の兄が上京してしまったので、姉真佐子のすすめで熊本師範学校の附属小学校に転校した。

父の役職の関係で城下の親しかった豪商の息子に嫁いだ姉はすぐ離婚、以後家族の中心の存在になっていたのである。教育にも熱心でしかも勝気なこの姉の方針に従ったのだ。正三は附属小学校を卒業すると共立学校へ進んだ。半年ほど在学したものの父との約束を果たすため陸軍幼年学校の入学をめざし、思い切って共立学校を退学し、上京することにした。

上京先は叔父野田豁通の家であった。叔父の命令で、旧熊本藩主の力で設立した有斐学舎に入った。そこに陸軍教授の小関先生がいた。先生から算術を学んだ。ところが上京した正三には、見るもの聞くものすべてが珍しく、少しも勉強に身が入らないのだった。鉄道馬車の見物ではものたりず、これに何往復も乗って満足するといった具合であった。

こんな生活では駄目だったので、今度は士官学校の予備校温知塾に入学した。叔父の指示だった。正三は中途、よせばよいのに、実業家志望というよからぬ虫のため、ついつい内緒で東京商業講習所の入学試験をうけ、これが叔父に発覚、当然のこと厳しい叱責をうけた。父の臨終にお前は軍人になると誓ったのに、なんということか。初志貫徹が出来ぬなら、熊本へ帰れ、の一言で眼が覚めた正三である。

叔父の信用を失った正三は、見ず知らずの柴五郎〔後の陸軍大将〕のもとに預けられてしまった。柴五郎との出会いには叔父野田豁通の若き日の波瀾の歩みがあった。石光真清によれば、

野田豁道は私の父真民の末弟で、十五歳の時に野田家に養子に行かされ、家付の娘敏子と将来結婚する手筈になっていた。けれども明治の精神をそのままに才気に溢れ夢に満ちていた叔父は、自分が置かれているこのような因習的な事情を知ると離縁を決心して、度々石光家に戻ってきた。野田家では叔父の才能を知れば知るほど自分の後継者にしたくて、頑として離縁に応じなかった。義理にせめられて面白くない月日を送るうち、文久元年十八歳の時に、熊本細川藩の御勘定奉行に召し出されて、書記に採用された。こうなると野田家ではますます叔父を離せなくなった。これを知った叔父は、以前から尊敬していた実学派の横井小楠を慕って京都に出奔して勤皇党に投じ、小楠が仆れた後は同郷の先輩太田黒惟信を頼って、江戸に出て討幕運動に参画した。維新の際に征討大総督軍が編成されると幕僚の一員として奥羽に転戦し、函館戦争の際には二十五歳で軍監として出征している。このように華々しい活躍を経ているうちに、野田家の養父母との難問題をつい忘れてしまい、明治二年に休暇を得て気軽に熊本に帰省した。これを迎えた養父母は夢かとば

かりに狂喜して早速結婚準備にとりかかった。このように結婚を急いだといっても、当の花嫁は僅か十四歳の子供だったのである。土台無理な話ではあるが、この機会をのがしたら養子の縁さえ切れてしまうと思ったのであろう。無理を承知で強行した。こんな無理は通る筈がない。叔父は義理のために形式的に式を挙げたが、滞在二カ月の後に、養父母に無断で上京してしまった。驚いた養父母は追いかけるように上京して帰郷を懇請したが承知しなかった。毎日毎夜、涙を流さんばかりに懇請するので叔父もたまらなくなり、ちょうど話の進みつつあった青森県の小参事（副知事）に就任を決意して船で出発してしまった。残された養父母は気の小さい正直者だったので、前途が真暗闇になった思いで失望落胆の末、とうとう切腹して果てたということである。

青森県に赴任した野田豁通はのちに大参事になるが、当時青森県庁の給仕をしていた柴五郎が彼に仕えたことで深い関係が出来たのであった。

正三が十歳の少年のときに見たのが熊本城炎上であった。柴五郎が同じ十歳の時見ていたものは、西南の戦いの九年前。少年五郎もまた会津藩の中級武士三百八十石の御物頭佐多蔵の子として会津城の落城と城下の惨状体験者であった。

真清と九歳違いの少年が、正三の叔父である知事と給仕という立場になるとは何の縁でか、まさに天の悪戯《いたずら》としか思えない。五郎の告白である。

余が十歳のおり、幕府すでに大政奉還を奏上し、藩公また京都守護職を辞して、会津城下に謹慎せらる。新しき時代の静かに開かるると教えられしに、いかなることありしか、子供心にわからぬまま、朝敵よ賊軍よと汚名を着せられ、会津藩民言語に絶する狼藉を被りたること、脳裡に刻まれて消えず。薩長の兵ども城下に殺到せりと聞き、たまたま叔父の家に仮寓せる余は、小刀を腰に帯び、戦火を逃れきたる難民の群れをかきわけつつ、豪雨の中を走りて北御山の峠にいたれば、鶴ヶ城は黒煙に包まれて見えず、城下は一望火の海にて、銃砲声耳を聾すばかりなり。「いずれの小旦那か、いずこに行かるるぞ、城下は見らるるとおり火焔に包まれ、郭内など入るべくもなし、引返されよ」と口々に諫む。そのころすでに自宅にて自害し果てたる祖母、母、姉妹のもとに馳せ行かんとせるも能わず、余は路傍に身を投げ、地を叩き、草むしりて泣きさけびしこと、昨日のごとく想わる。

少年五郎はやはり敗戦の意味が理解できないのである。納得が出来ないから、また言う。

余幼くして煩瑣なる政情を知らず、太平三百年の夢破れて初めて世事の難《かた》きを知る。男子にとりて回天の世に生きること甲斐あることなれど、ああ自刃して果てたる祖母、母、姉妹の犠牲、何をもって償わん。また城下にありし百姓、町人、何の科《とが》なきにかかわらず家を焼かれ、財を奪われ、強殺強姦の憂目をみたる。こと痛恨の極みなり。

と。

正三少年の時は散髪廃刀令により、泣く泣くこれに従ったが、少年五郎の場合、九年前は逆であった。

太一郎兄曰く「土佐藩は会津にとりて旧敵なり、若松城攻囲軍の参謀に土佐の板垣退助ありと聞けり。断じて恥ずかしきことなすべからず」と、余に袴を着けさせ、小刀を帯ばしむ。

こうして五郎は、なんとしても白虎隊に参加しようとしたが、隊員は十六歳より十七歳までであったので、入隊は不可能だった。

戦さは破れ、五郎もまた負傷した太一郎兄も共に俘虜として江戸へ護送されることになった。天下の曝《さら》しものにするつもりである。ならば薩長の下郎、薯侍《いもざむらい》どもが何をなすか、もしも辱めを受けるものなら、江戸であろうと道中であろうと、腹掻っさばいて会津魂を見せてくれようぞ、と兄は五郎を元気つけたので、少年五郎もこれに強く同意するのであった。

会津藩は慶応三年哀れにも下北半島の火山灰地に移封された。六十七万九千石の大藩は、たったの三万石。それも形だけ名前だけの三万石。それでも将軍徳川慶喜と藩主松平容保以下の罪を許したので、藩主たちは感泣したというのだ。そんな馬鹿なことがあるものか。不条理である。少年五郎にはまったく理解出来なかった。罪を免ずとは何事か。罪は薩と長にある。薩長の策士を罰して、われ等を赦免するのが当然の理となぜならないのか。悔しくも腹立たしい。この悲憤、日夜やるかたなしの五郎であった。

藩断絶をまぬかれ、かりにもおめでたいと祝意を口にする生き残りの年輩の方方。それを聞くにつけても五郎はその祝意たるの理由を糺す元気もすでになかった。

下北半島の地を斗南《となみ》藩三万石と命名。藩主は三歳の子容大、父容保は隠居お預けの形。同居が円通寺に許されてあった。表看板だけの三万石。もう武士階級の上下もなかった。日日それぞれが食うことが精一杯であった。五郎は書く。

余の一家は働き手の太一郎兄不在のため、翌年春まで向町の工藤林蔵の空屋を借用せり。屋間口三間ばかりの店造りにて、六畳の二階と店のある十畳ばかりの台所兼用の板敷と、屋後に納屋あり。建具あれど畳なく、障子あれど貼るべき紙なし。板敷には蓆を敷き、骨ばかりなる障子には米俵等を藁縄にて縛りつけ戸障子の代用とし、炉に焚火して寒気をしのがんとせるも、陸奥湾より吹きつくる北風強く部屋を吹き貫《ぬ》け、炉辺にありても氷点下十五度なり。炊きたる粥《かゆ》も石のごとく凍り、これを解かして啜る。衣服は凍死をまぬかれる程度なれば、幼き余は冬期間十日ほど熱病に罹りたるも、褥なければ米俵にもぐりて苦しめられる。

父上は炉のかたわらに習いおぼえたる網結《すき》その他の手細工をされ、兄嫁は毎日朝より夜にいたるまで授産所にて機織《はたおり》して工銭を稼ぐ。薪は晩秋拾いあつめたる枯枝を使いたるもたらず、積雪の中を探し求む。炭には焚火の消炭を用い、行火《あんか》には炭団《たどん》を作るに苦心せり。売品を購う銭の余裕まったくなし。

用水は二丁ばかり離れたる田名部川より汲むほかなし。冬期は川面に井戸のごとく氷の穴を掘りて汲みあげ、父上、兄嫁、余と三人かわるがわる手桶を背負えるも途中にて氷となり溶かすに苦労せり。玄米を近所の家の臼にて軽く搗きたるに大豆、馬鈴薯などを加え薄き粥を作る。白き飯、白粥など思いもよらず。馬鈴薯など欠乏すれば、海岸に流れつきたる昆布、若布《わかめ》などあつめて干し、これを棒にて叩き木屑のごとく細片となして、これを粥に炊く。方言にてオシメと称し、これにて飢餓をしのぐ由なり。色茶褐色にして臭気あり、はなはだ不味なり。菜は山野の雑草を用いたるも冬期は塩豆のみなり。父上腐心して大豆を崩し、豆腐を作らんと試みたるも、ついにできず。

冬は山野の蕨《わらび》の根をあつめて砕き、水にさらしていくたびもすすぐうち、水の底に澱粉沈むなり。これに米糠をまぜ塩を加え団子となし、串にさし火に焙りて食う。不味なり。少しにても砂糖あらば……など語る。栄養不足のため痩せ衰え、脚気の傾向あり。寒さひとしお骨を噛む。

なおまた続けて、

会津の敵討《あだう》つまでは此所も戦場なるぞと言われ、いつしか境遇に馴れて敗残者の小倅に成り下がれる自らを哀れと思えり。されど余を叱りて犬の肉を無理矢理食わせ給う父上も、今より思えば心中まことに御気の毒に堪えず、さだめし胸中苦しまれたらと推察す。

五郎少年は、死んでたまるものかと歯を喰いしばって堪えた。少年ながら会津の乞食藩士どもが北国の果てで餓死して消えたなど言われてはならぬ。生き抜くのだ。犬の肉がなんだ。弱音を吐くな。己に負けるな、と五郎は日日自らに檄をとばし続けて生きた。

柴五郎に朗報が突然届いた。青森県庁に給仕として出頭せよとの話に、父は落涙して喜び、兄は登庁時のさい上司への挨拶を教えた。県庁から旅費も一両あった。このさい小刀一振の持参を忘れてはならないのだ。

出頭するや庶務課長は、元会津藩家老の梶原兵馬《かじはらへいま》であった。また給仕は全員会津藩士出身者であった。家老がせいぜい課長止まりという様でしかなかった。この哀れさをなんと見るか。

五郎はこの時野田大参事の宿舎に厄介になることになった。大参事に勤める者たちも肥後の馬丁以外はみな会津の者たちであった。

野田豁通大参事は藩こそ佐幕派出身であったが、当時は討幕の人物、県庁内に差別を認めず佐幕派の五郎の心もいつしか氷が解けるが如く穏やかになっていった。

大藩の家老が課長止まりかと思えば、小役人だった野田豁通が一躍小参事に抜擢されるこうした人事は、世が薩長ついで土肥でなければ人でないという誤った「御維新」の風潮であった。誠実な五郎は目敏い野田に信用され、東京留学への希望の途が許され上京するのだが、さて東京に親しき知人がいる訳でもなく、筆舌を越えた苦労をするのである。ところが広い東京でありながら、これは天佑か上京中の人力車上の野田に偶然会う。野田も制度改革に合い、失業し上京したところであったということだった。

五郎は野田の口ききで長岡重弘家に寄食、ついで福島県知事留守宅に下僕として働く。勤労を苦労とも思わぬ五郎だった。その間会津出身の山川大蔵《おおくら》〔浩〕家にも寄食した。その折のことであった。五郎の着物がきたならしく粗末だったのを見た賢母堂はアメリカ留学中の捨松嬢の立派な着物を仕立て直して与えた。五郎はありがたくこれを着用した。他人はどんな眼で、五郎の姿を眺めていたかと思えば、つい失笑したくもなる。

福島県知事安場保和夫人もまた木綿絣《かすり》の羽織を新調して五郎に与えた。五郎の仕事は、朝夕の邸内清掃と家族の三度の食事の給仕をはじめ、二人の姉妹の女学校登下校の供。当然の如く二人の書籍や弁当もさげ、人力車のあとを追っての使い走りである。姉の方は五郎と同年。この上下の違いがまた五郎の心に、立身の思いを強くするのであった。

賢明な野田豁通に対し、政府は浪人生活を許さない。彼は陸軍の会計一等軍吏に採用となった。その彼は柴五郎を呼び出し、陸軍幼年学校が生徒募集をする、受けてみよ、武士の子なら文句あるまい、と強く勧めた。甥の石光真清にも言ったセリフであった。聞いた五郎の思いは想像を絶した嬉しさであった。出世への糸口だった。「余飛び上がらんばかりの衝動を感ず。さっそく野田豁通、山川大蔵の両人に保証を願い、願書を提出し、安場邸に出入りする書生宮川某につき読書、算術のにわか勉強を始む」と五郎は述べている。

基礎学力のない五郎だったのに、受験結果は合格。知識人山川大蔵夫妻の喜びは、わが子の如くであった。とくに夫人はフランス式の軍服姿見て涙を流しての悦びよう。五郎は、これを察するに会津で自刃した祖母、母、姉妹のことを思ってであろうとありがたくも反面、斗南で今なお苦闘する父を迂闊にも忘れていたのを恥じ入るばかりであった。

柴五郎は、野田豁通にお礼の挨拶が第一と考え、あえて軍服姿で推参する。野田の喜びも一入《ひとしお》、五郎は野田豁通こそが最大の大恩人と心中深く認め、生涯忘れてはならないと誓った。

野田豁通の恩愛いくたび語りても尽くすこと能わず。熊本細川藩の出身なれば、横井小楠の門下とはいえ、藩閥の外にありて、しばしば栄進の道を塞がる。しかるに後進の少年を看るに一視同仁、旧藩対立の情をを超えて、ただ新国家建設の礎石を育つるに心魂を傾け、しかも導く諫言をもってせず、常に温顔を綻ばすのみなり。

と、心の奥から吐露するのである。

政界は薩長土肥の旧藩士が官の要所を独占していた。しかし藩閥政府は平穏に永く続くものではなかった。そしてあの西南の戦いが生じた。この戦いを眺めていた正三は軍人になるために上京したが、叔父野田豁通に浮薄な生活と叱られ、当時陸軍少尉の柴五郎宅に預けられ、きびしく教育される運命的関係がここに第二幕として生じるのだった。かつての県庁の給仕は刻苦勉励、柴五郎は会津藩からたった一人の栄達、のちに陸軍大将にまで昇任するのである。このことで、少なくとも彼の少年時代に考えていた薩長への仇討ちの思いはとうに氷解していた。柴五郎は軍人として日本国家の防衛を本分と心得ていた。

石光真清は明治十六年の九月、士官学校の幼年生徒隊の試験をうけ、結果合格。のち「軍神橘中佐」と尊称される橘《たちばな》周太《しゅうた》が同期にいた。真清の心友となるのである。

真清は明治二十三年七月、士官学校を卒業し、近衛歩兵第二連隊付を命ぜられた。任務は、真清の場合、皇太后の観能とか皇后の葉山御用邸への供であるとか、責任は重いが気分は楽なものであった。気抜けでものたりなく面白くなかった。

その真清にロシアが関心の的となった事件が起きた。明治二十四年五月十一日午前一時、兵営に非常ラッパが鳴り響いた。ロシア皇太子が滋賀県大津市で凶漢津田三蔵に襲われたのである。のちのニコライ二世である。

相手は強大な熊のロシア皇太子。明治天皇の驚きぶりは想像を絶していた。天皇は国家の大事な客への無礼を詫びなければならない。皇太子の生命に別状はないもののニコライは予定を変更して急遽帰国。天皇は皇太子のロシア軍艦が停泊する神戸港へも、足を向けるほどの気配りであった。この時の様子を任務の真清は書く。

栈橋の上に立ちどまったロシア皇太子が、ポケットから煙草ケースを取り出されると、傍らの陛下は、直ぐマッチを御自身のポケットから出されて、火を点じて皇太子の煙草に近づけ、お二人の顔が夕霧の中に赤赤照らし出された。この影絵のようなお姿を拝して、陛下のお心遣いのほどを察し、侍立していたお伴の人人の瞼は熱くなった。栈橋の彼方の沖合には七隻の口艦が夕闇の中に重重しく浮かんでいた。

この頃ひとつの私事の事件があった。真清のもう一人の親友本郷源三郎との絶交事件である。本郷は熊本の貧農出身であったがクラスで優秀な成績を挙げていた。彼は真清を通し妹に求婚してきた。真清は肯定するものの野田を始め石光家の者はみな反対した。求婚の否を告げるのは真清の役目であった。今はともかく、当時とすればまだ無理もない武家問題と考えられた。絶交した者も、絶交された者も気分はじつに悪いものだ。そうした時、畏友橘周太に会うのが真清の救いとなった。橘は兄とも思える実力のある存在だった。何をおいても彼に優る者はいなかった。彼は学問のみならず、軍人として軍の教育制度、教育内容の研究に熱心だった。祭日休日もその研究のため家に籠っていた。

彼の起草された提案の多くが採用施行されたのである。将校の心得の一部がつぎのように起草されていたのであった。

兵汗を拭わざれば拭うべからず。兵休まざれば休むべからず。兵食わざれば食うべからず。兵と艱を同じゅうし、労逸を等しゅうする時は、兵も死を致すものなり。信用は求むるものに非ず、得るものなり。

真清は彼がこの文章通りの人物だと今さらながら強く認識した。これがほんとうの武士道だと思った。軍律というものはかくの如きものでなければならぬと思った。軍人の本分であると思った。大黒柱とも頼っていた姉真佐子の死を知った折も折り、本郷から絶交された。いや絶交されるような立場をとった真清はなんともやりきれない思いに沈んだ。姉の訃報が追いうちをかけた。その頃の夜はとくにとくに長かった。

明治二十六・七年当時、朝鮮を食い物に清国とロシアの覇権争いが緊迫、陸軍はこの裏の情報を知るために大陸に特殊の任務の者を派遣した。つまりスパイである。柴五郎は当時中尉であった。彼もまた命令を受け中国大陸の福州に潜入、そこでなんと化けて写真屋を開業することになったのである。

明治二十八年三月十日、ついに近衛師団に出動命令がなされた。日清戦争が始まったのは、前年の八月一日である。翌九月大本営が広島に置かれた。野田豁通は野戦監督長官として、広島大本営に着任、もっぱら軍需品を買い集めていた。彼はのち主計総監となり、なお男爵位となるのだ。

真清の近衛師団は、大陸でなく台湾守備であった。守備というより台湾の清国軍との戦いであった。武人にとって、はれの初陣。橋のことを思った彼は勇気百倍、思い切って、敵陣のある村落へと突進の展開戦術。

同じ前線に絶交した同期の秀才、あの本郷源三郎がいた。真清は前線陣地で指揮する本郷を双眼鏡で見て驚いた。彼は突っ立ったままで、突撃命令を下さず先方を見ていた。先方に何があったか。十名の彼の決死隊員は捕虜となり、彼らは煉瓦塀の上に陳列された。見れば耳をそがれ鼻を斬られ、手を斬られ、足を斬り落とされていた。彼の部下の兵士は伏せて、上官の彼の命令を待っていた。しかし命令はない。彼真清は、絶交してよかったと思った。石光家の判断は、間違っていなかったとその時思った。

台湾から帰国した真清の考えは〈日清両国の間で調印の済んだ平和条約によって、台湾と遼東半島が日本に割譲されたが、ロシア、ドイツ、フランスの共同干渉によって、日本は一週間後にやむなく遼東半島の放棄を宣言しなければならなかった。弱小国家日本政府は、国民に臥薪嘗胆を説いて、軽挙妄動を戒めたが、国民の悲憤は容易におさまらなかった〉というのである。いやそればかりではない。戦場で山野を血で染め、惨憺たる戦いの犠牲を、自分の眼で見てきた真清たちの悲憤は、一層おさまり難いものがあった。遺族の消息や、廃兵の姿に接するたびに真清の胸には次第に深い傷痕が刻まれていった。

三国の共同干渉、なかんずく大ロシア帝国の侵略に脅かされ、近い将来戦わなければならない時がきっと来る。誰もがそう思った。〈大津事件でロシアが寛大な態度をとって破綻を喰い止めたのも、結局は将来を期してのことであろう。大清国に勝っても、大ロシア帝国にはとても……考えただけでも戦慄を覚えた。ロシアも、このことあるを期して、遼東半島の日本帰属を排除したのである。日本がこの地に軍港と海軍基地が設けられれば、やがて来るべきロシアの満洲侵略の邪魔であろうから〉と。

こうして石光真清はロシア研究の必要をますます感じた。またその実行のために行動した。そのような積極的な軍人は当時多くはいなかった。

とくに名前をあげると村田惇《あつし》砲兵大佐と田中義一歩兵少佐ぐらいでしかなかった。真清はただちに自らこれを軍務としてロシア語の初歩を相談もなしに習い始めた。

またその頃、真清は熊本第六師団司令部付一等軍吏菊地東籬《とうり》の長女辰子と見合い結婚をした。三十歳になっていた。結婚直前大津市の第九連隊付を命ぜられた。これでは思うようにロシア語の勉強も不可能だった。そこで叔父野田に頼み込み、中央幼年学校生徒隊付に転任できた。そしてまもなく大尉に進級する。ところが再び、元の歩兵第九連隊への転勤であった。ロシア留学のための貯金もしていたのに、前途は再び暗かった。大津という地方連隊ではどうにもならない。ロシア研究はどうなる。真清は悩むばかりだ。一点突破があるのみ。現状は結婚、出産、兄弟姉妹との関係、その他様ざまな義理とかなお様ざまな交際が真清を縛って離さない。貯金は妻の病気や自分の病気のために、ほとんど遣ってしまった。

ここはやっぱり上京し、叔父に再び話す他はないと決心する真清だった。野田豁通は今陸軍省経理局長だった。

「留学の話、どうでした」

妻は心配そうに聞いた。京都での新婚生活も軍人の妻なら、夫のロシア留学を認めない訳にはいかない。夫は京都の宿舎から大津の連隊へ通っていた。幼い長女もあって、軍人の夫のロシア行きが一時的にせよ頓挫してほしいという、一寸の思いが軍人の妻であってもないとは言えなかった。

「はっきりしないが叔父が力になってくれるという確約はあったよ。辰子すまんな」

真清はすでに決まったものの如く早計していた。

叔父が相談したのは、参謀本部次長の田村怡与造《いよぞう》、当時大佐だった。

叔父から連絡があり、真清は叔父に連れられ、参謀本部に田村大佐を訪問した。大佐は喜んで真清を迎えた。

「ロシア留学とは奇特だ。しかも私費を覚悟とは見上げたものだ。叔父上閣下となんなりと相談して決めるので、心配無用。経費もなんとかしよう。ロシアを知ることは、緊急の国家の重大な課題だ。好きなようにやってこい」

と言って明るく田村は豪快に笑った。

今信玄と言われていた田村家の男は、みな軍人だった。武田武士の血の流れを継いできた甲斐の国の怡与造である。弟の沖之甫《おきのすけ》も守衛も最後は陸軍中将として活躍していた。甥の田村義富も加え、みな陸軍中将であった。兄怡与造は陸軍きっての切れ者として畏れられていた。参謀本部総務部長時代、陸軍内の長州閥の長、山県有朋に憶せず対応し評価を受けた。しかしながら怡与造亡きあと山県有朋を筆頭に長州閥は復活してしまったのだ。会津の柴五郎が大将になるまでの壁は厚い。その壁を五郎は見事に打ち破ったのであった。

怡与造にとって日清戦争のさなか、早くも陸軍の大御所の山県有朋と作戦上の件で論争し、彼を論破したことなど別段特筆すべきことがらではなかった。戦後怡与造はロシアとの戦争を覚悟していた。そしてロシアへの関心と研究を深めていた。当時対ロシア通の頂点にいた。ロシア武官に村田惇大佐を任命したのも怡与造だった。田中義一少佐、萩野末吉少佐、町田経宇大尉などロシア関心派の面面は怡与造門下だつた。

明治三十二年八月二十日、真清は神戸港から相模丸でウラジオストックに向かった。一行はなんと参謀本部次長の田村怡与造大佐、ウラジオ駐在武官町田経宇大尉、朝鮮出張中途下船の福原銭太郎大尉であった。

八月二十五日ウラジオストックに着く。新開地の町は淋しい限りであった。真清は日本旅館扶桑舎を宿とした。そこで思いがけずも麦酒《ビール》会社社長の馬越恭平と同宿。馬越の挨拶が真清を感動させた。

「野田男爵には三井物産の支店長時代から大変御厄介になりました。お兄さんも正しいお人だ。このお二人の御兄弟のお陰で今日があるようなものです。私はお二人から商人の道を教えられたのです。商《あきない》の渡世は信用が何よりも大きな資本ということを学びました」

この挨拶から真清は、橘周太のあの将校訓示を自然に連想するのであった。信用は求むるものに非ず、得るものなり、と。

橘周太は日露戦争の山、遼陽で戦死した。彼は第二軍管理部長とし、また歩兵大隊長として遼陽で戦果を挙げた。陸上でのこの激戦は戦史に残った。橘は陸のただ一人、名誉の軍神となった。ちなみに海の軍神は広瀬武夫中佐であった。彼は歌にもなった。

ロシア留学とはロシア語の修得ではなかったのだ。言えば諜報活動である。スパイになることであった。


私の留学地については、田村怡与造大佐を中心に町田経宇大尉、武藤信義大尉と一緒に検討したが、やはり参謀本部で定めた通り、当時ロシア軍のシベリアにおける最大根拠地であったブラゴヴェシチェンスクが適当だと結論に達した。

「一年経ったらウラジオに戻って来い、その頃に僕も来ているからな」

田村怡与造大佐は私の肩を叩いて一人旅を慰めてくれた。


という嬉しい経緯もあったのである。

妻を愛する以上に国を愛する気持ちが知らぬ間に真清の心に火が付き、愛国心に醸成されていくが如くであった。その時すでに花田少佐は清水松月坊主になって、満州馬賊を巧みに総指揮していたのである。頼りにならない清国軍にかわっての対ロ勢力として、馬賊の集団が広大な大陸の各地に潜在していた。

　ブラゴヴェシチェンスクは黒竜江沿岸の町で、川の向こうが満州だった。町に在留日本人会の事務所があった。そこで町の小学校教師のアレキセーフを紹介され、彼の家を宿とした。真清は子供たちと一緒にロシア小学校でなにはともあれロシア語の勉強を始めた。夜は夫人から作文の指導を受けた。

　この地でまもなく日本人水野花《はな》を知った。花は支那人宋紀の妾で、主人はチチハルに本店を構えた商人でもあり、片や馬賊の頭目でもあったのだ。異国で初めて会った花との関係は言い知れぬ展開になっていった。時を同じくポポーフ大尉を知り、たちまち懇ろになった。誘われて対岸の支那町愛琿《あいぐん》へ行った。

　また花の主人宋紀がチチハルへ来い、東清鉄道の計画話がある、もう満州はロシアのものだ、情けない、仕方がない、ロシア勢力が朝鮮を越え日本に進めば日本もそうなる、と言った。花はこの男に共鳴したのであった。明治三十二年から翌年にかけ中国に義和団の乱があった。この時連合軍を組織し太沽、天津を占領し北京に進軍し、列国公使館の包囲を解いたものの、杉村書記官は殺された。当時あの柴五郎少佐は北京に籠城していたのであった。

　この地ブラゴヴェシチェンスクからロシアが軍需品を川船でハルピンへつぎつぎと運ぶ。一方対岸の愛琿に清国兵五千人が陣を構えているとかの情報が入ってくる。たまたま町の駐屯ロシア軍が露営地へ出発。この隙に清国軍の攻撃があった。逆にこの事が問題を大きくしていくのであった。当時を真清は語る。

ロシア軍は伝統的に出足が鈍いが、いざ腰をすえてかかると、徹底的に計画通り遂行せねばやまぬのである。突如としてブラゴヴェシチェンスク在留の清国人狩りが一斉に行われた。将校が大声で「ロシアは清国の無謀な賊徒を討伐することになった。お前たち良民はここにいると危険だから安心な土地へ避難させてやる。討伐が済んだら元の家に帰るがよい。それまでは我々の命令に服従せよ。反抗したり逃亡したりするものがあったらその場で射殺するからそのつもりでおれ。これから避難地へ出発する。我々について来い」これが全部虐殺の場所へ行くんだなんて、誰が思ったでしょう。銃剣や槍を持った騎兵が退《さが》れ退れっと怒鳴りながら方位を縮めて、河岸へ迫ってゆくのですから堪りません。河岸から人間の雪崩が濁流の中へ押し落とされ始めたのです。ブラゴヴェシチェンスク在留の清国人三千名が子供に到るまで殺されて黒竜江の濁流へ葬り去られた七月十六日、私はいよいよ来るべきものが来たことを知った。

真清は当然の危険を冒しても覚悟の情報蒐集に入っていく。

ロシア軍の満州侵略の様子は眼に余るものばかりとなっていった。覇権者陸軍中将グリーブスキーの布告は、まったくいい気なものの言辞であった。

〈ロシア領シベリアならびに満州はその境界を接し今日まで相互の平和は汝等諸氏に有利有益を与えたり。然るに去月以来、汝諸氏は廉恥を重んぜず思慮を尽さず。ブラゴヴェシチェンスク及びロシアの臣民に襲撃を敢てせり。如何に大ロシア帝国の土地と民族と民備の恐る可きかを忘れたる行為なるか。懲戒は忽ち汝等の頭上に下れり。愛暉及び黒竜江沿岸の諸村落、即ちロシアに向かって攻撃を敢てせる諸市村落は焼かれ汝等の兵族は殺され、ために黒竜江の水は満人の屍によって汚されたり〉と、これが布告の驚くべき前半である。

真清はポポーフ大尉婦人の助言で、無事ハバロフスクに着いて、町田経宇少佐と武藤信義大尉に会った。予備役から現役に復帰し、正式な諜報の仕事を与えられた。

もう生きて帰れないかも知れない。そこで妻に別れの手紙を書いた。これが自分の使命だと思った。陰ながらの奉公だと決意した。夢に見た留学生ではない。〈油だらけの汚い木綿のルパシカに百姓靴を履き、頭髪の油を落として無精髭をそのままに、疲れた中折帽をのせて、どう見ても苦力《クーリー》然たる恰好であった〉これも軍人の本分だと胸を張った。

ポポーフ大尉夫妻を裏切るのも国のためであった。のちのちの陸軍大将への道は遮断。これを承知の生き方だった。

放浪の身である。ハバロフスクの公園にあるムラビヨフの銅像の下のベンチに休み、雄大な黒竜江の景色を眺めてから安倍《あべ》道瞑師《どうめいし》の家さがしにかかった。彼に会った時、これが真清の自己紹介だった。

真清は、菊池正三と名乗り、私は若い時やくざの生活にうつつを見謬り、内地に居られず、人間失格者として気がつけばシベリアに流れ着いた者です。ウラジオで清水松月師の御説教で眼が醒め、御坊がこの地に居られると聞き推参した訳でと挨拶したが、しかし相手は黙ってなかなか返事をしない。しばらくして、出家の身故、珍味はないがゆっくり滞在してよい、と僧に言われた。それから師の案内で旅館の東洋館に行ったのだ。

宿主の男は賭事に敗け、女房を取られたと不満をぶちまけた挨拶。これが初対面の失礼な挨拶だった。

真清は根は武士、浪人風に化けたおれの顔が貧乏神に見えるかとにらみ、持っていた金を投げ与えた。この日から宿主の管井五郎をなんと番頭扱いにした真清だった。真清の采配でボロボロの木賃宿は改装し一変した。女房の雪も道瞑師の口ききで無事返って来た。

東洋館を住居とした真清は本来の仕事にかかるのだった。地域やそこの住民を調べることからの出発であった。馬賊の性質をも調べた。ある日宿に女郎屋の主人と配下の女郎数人が客となった。彼らの話によるとハルピンは大勢の人で泊る家はない。しかし日本人には危害を誰も加えないという情報だった。またここへ来る途中馬賊の李《り》という子分は五百ルーブルの金をくれ身を守ってくれたという。李の頭目は増世策という男で、部下を二千人も有していることも分かった。繁盛した東洋館に石清水という地元人の番頭がいた。彼は真清に清国は滅びる。もがいても無駄だ、と溜息をついた。

ハルピンで日本人は安心でいられるという情報など、どうして信じられよう。しかしそのハルピンに行かなければならない。そこが真清の次の諜報集めの根拠地になる町であったからだ。久しぶりに道瞑師に会った。彼は東洋館の管井夫妻は生まれ変わって働いていると話した。福の神の菊池正三の失踪で、落胆しているとも伝えた。ハルピン方面から避難者がハバロフスクに流れて来る。田舎町が日毎に雑踏で騒騒しくなった。ロシアは数十隻の汽船で、軍需品をハルピン方面に送っている。

ある夜、真清は女から「菊池さんでしょう」と不意に声をかけられた。女は君《きみ》というお転婆だと言った。そして私の家まで来てほしいと申し出た。道道に彼女の話を聞き、また家の中での君の話を聞いているうちに、真清はこの女はただ者ではないと判断した。彼の推察は当たった。

「ご主人は増世策という方ですか」

「そうです」

増世策はすでに話で聞いている二千人を配下に持つ頭目だったのである。

君が真清のハルピン入りに協力するというのである。増世策の女であればこそである。しかし、君は君でなにか助けて貰いたいこともあるとも言った。

満州やシベリア辺りに流れてきた女の経歴は似たり依ったりである。君も女郎として売られてここに流れ着いた。君は宿で支那人に一夜買われたが、その支那人が馬賊の増世策だった。増は君に指一本触れなかった。増はこの辺一帯は清国の領土だ。今は口満の国境になってしまったと口惜しながらに君に言った。君はこれを聞いて、この男に身を投じようと決意したというのだ。馬賊は素晴らしいと思った。決して悪者ではないと認識した。

増は真清が想像していたよりも老いて見えた。しかも深い愛国の情熱を感じた。苦労人らしく謙虚だった。話はブラゴヴェシチェンスクへの清国軍の砲撃はまずかったと批判した。その時は無辜七千人もの市民が虐殺されてしまったと数が増えていた。あの時、チチハルの宋紀先生を失った、と残念そうに語った。

真清は花《はな》のことが思い出された。宋紀とは花の良人ではないか。しかも花もまた亡くなってしまったのではないのか、と増が言うのだった。まったく縁のなかった訳でもないあの花の消息を耳にしながら、真清は柄にもなく感傷に落ち込んだ。

君の力、君の顔は広い。君の配慮で真清はロシアの軍用船に乗る旅券を入手した。船中で崖という韓国人の男を知った。日本語が上手だった。ロシアのスパイらしい崖から離れるために、真清は趙を連れ三姓で下船した。三姓の町は反ロシア匪賊によって東清鉄道会社の建物は焼かれ、鉄の建材は河にうち捨てられてあった。町は労働者ばかりで、ロシアコザック兵はいなかった。コザック兵二十人ばかりがこの町で惨殺されたという。

この町で真清は三人の女郎を救う羽目に遭遇したのである。豊《とよ》、槇《まき》、米《よね》の三人は長崎出身者で金鉱のある太平溝で商売していた。コザック兵に襲われ三姓の暗い部屋に非難していたのだ。一週間も絶食して死ぬところだと彼に哀願した。

真清の目に映った女たちは、半破れの汚れた蓆を土間に敷いて、ロシア更紗の服――と言っても上衣の肩は破れ胸は裂けて乳房がはみ出し、スカートは乞食同様に破れちぎれて、赤い汚れた腰巻が漸く恥部を隠している程度である。素足にはチグハグの支那靴をはいていた。まぎれもなく女郎衆の行き倒れだった。

これを見て真清は、食と衣服をすぐ心配した。この時同行の趙のセリフはこうだった。「日本の女性は偉い。支那の女にも朝鮮の女にもこんな真似はできません。二カ月の間一文無しで着の身着のままで五百露里も六百露里も歩き廻るなんて……しかもこの騒動の中で、男にだってできることじゃありません。増先生がお君さんを嫁にし、紀鳳台先生がお房さんを嫁とし、宋紀先生がお花さんというように、先生たちは皆日本の女性を夫人に迎えていますが、当然のことですね」

真清はだったらこの中の一人を夫人にしたらどうか、と趙に言ったが、彼は笑っただけであった。

結局女郎三人は、高という男の部下に騙されいずれかに消えた。運悪く真清は真清で病気になる。連れの趙が熱心に看病する。真清は趙に状況報告のため増世策の許に行くように言った。そして真清は今後馬賊とかかわることから一再離れようと考えた。一度別れたロシア軍のスパイ兼通訳の韓国人崖とまた会ってしまった。彼は石頭河子《せきとうがし》へ行くが、同行しないかと語った。彼は増世策のゆくえを追っていたのである。

目的地のハルピンにようやく真清は辿り着いた。表向きの顔が洗濯屋。その通り開業することができた。大津事件の皇太子ニコライ二世の戴冠式が首都にあった。ロシアの戦略、李鴻章が式典に招待された。一八九六年、明治二十八年に清口条約の調印があった。これでもう満州はロシアに併合されたも同じだと思った。ロシアはハルピンをロシア極東の中心都市とする計画だ。シベリア鉄道から満州への鉄道直結も明日に迫っていた。

ある日、洗濯屋に男が真清を訪ねてきた。

「花です」

男装の花だった。死んだと聞いていた花だった。

真清はことのほか嬉しかった。

花もまた宋の命令により黒河を出発し、道を誤り死の苦労を重ねた避難体験の連続だったと語った。広い公路はロシア軍の兵站線に早がわり、軍需品を満載した馬車が厳重な警戒のもと陸続と後を絶たないというのだ。腹を割った花が語る花の身の上話を真清は、はじめて聞かされた。やはり長崎出身の女郎だった。宋の妾となってから、宋が馬賊の頭目だと知った。気性の強い花は妾より馬賊だ、と宋たちの密謀している中へ入った。宋は驚いて花を殺すつもりでピストルを二発撃った。一発が左手に当たったが、仲間だよ、と花が叫ぶと宋は泣いてあやまり親切な介抱をした。

ハルピンに来たのは真清に会いたくて来た、と言って表情はまぎれもなく女として笑った。私は何度も死んだ女です、密偵になれ、とおっしゃるなら密偵にもなります。こんな罪深い私にどうか罪滅ぼしをさせて下さい、と大和心の内を花からしおらしく告げられた真清だった。

ハルピンの洗濯屋は幸いたちまち繁盛した。鉄道会社に働く者たちが主な客だった。

客のロシア将校が長春に行く。一緒にどうかと真清を誘ったので、彼はパスポートを貰った。洗濯屋の主任となった花に相談し、このさいウラジオストックに行き本格的な商売の準備をしたいと話した。この外出を花は反対した。パスポートは安心の証拠にはならない情況を、花はよくよく知り抜いていた。しかし真清の行動はかくれた公務である。花や崖に送られて真清はハルピン発の貨車に乗った。するとロシア兵が、お前は白米の商人か、と聞いた。白米とは女を売買する商人、女衒《ぜげん》の合い言葉だと分かった。当時シベリア辺への日本女性の進出は想像以上だったのだ。日本の女は、他国の女と違って従順だったから評判がよい。バイカル湖以東の都市に、日本の女がいない所はなかった。東清鉄道工事進捗上、ロシア当局は特別な保護さえ彼女たちにしていたほどであった。こうした女性たちの中で花や君のような女は、まれに見る奇特な存在だった。

途中コザックの斥候兵につかまったり、逆に今度は支那兵につかまったりしながら危機を突破する真清は必死だった。

運悪く支那の獄に入れられた時の生活は、惨めであった。

臆病な日本人よ殺しはしない。安心せよ。一日饅頭を五つに一杯の水だけの生活である。ある日、真清は牢の外にある女の声を聞く。覗きみると、あの三女郎のうちの一人、米ではないか。真清は思わず叫ぶ。菊池だ。あの時の菊池正三だ、の人声に米も気づいた。今度は、米の知人の力で、正三を南向きの太陽のよくさす部屋にかえて貰った。正三はロシア軍のスパイだと誤解されたのだった。体力の回復を待って、米の主人に会って礼を述べた。このさい思いきって増世策の名をあげた。正三が増頭目の家筋だと知ると、相手はこの仕打ちが頭目の耳に入れば死を免れぬと平あやまりの詫びようではないか。最後は喜劇に終ったようなこんな珍事もあった。

やっとウラジオストックへの出発になった。放浪の日日。計画通りにはならない。一面坡に宿をとった。宿の老主はロシア軍に家を取られ、子や孫まで失ったと涙ながらに話した。

老人は増世策という匪賊は残酷で、おれたちは馬賊にも税をとられたと非難するのだった。だがその増もロシア軍に殺されたと話した。こんな場面もあったのだ。

老主人の話で真清の心は複雑に揺れ動いた。増の不幸。また自己中心の不幸の宿主夫婦。突然真清は東京の妻と長女の不憫を、この話を聞いて思い出した。増は頼りない国家のために殺された。そこには義がある。この俺は、直接国家への愛で生きている。軍歴など無視しているのだ。正義だ。米との旅は続いた。米は今度は命の恩人だった。零下三十度の下、淋しい道を歩くのである。密林と氷原の中である。焚火をたくのも苦労する。うとうとしている間に、何日目か米の姿はなかった。手足纏となってはとの米の優しい心がそうさせたのであった。探したがついに発見できなかった。

峠にコザックの兵の哨舎があった。宿を乞うた。国を出る時護身用だと母が渡した小型ピストルをこの時発見されてしまった。仕方なく真清は暖炉の中へピストルを投げ捨てた。老兵の一人が神に代って忠告する。哀れなる日本人よ、お前がこの危険な国で今日まで生きながらえたのは、神のお恵みだ、と言ってギリシャ正教徒らしく十字を切った。

真清は口ひげにつららを垂らしながら、哨舎を出た。初の帰還報告のための旅は、一寸先も閣。ウラジオストックはなお遠い。それにしても米よ、と忘れることはなかった。

ウラジオストックで、町田少佐と武藤大尉との久久の会談。協議した結論は三項目になった。

一、ロシア軍の満州占拠は既に経営時代に移って本格化して来た。情報蒐集には、今日までの単独偵察では成果を挙げられない。諜報網を満州と黒竜江沿岸のロシア領に張り、これを統率する中心をハルピンに置くこと。

二、従来私が行って来た旅行者形式から居住者の形式に移らねばならない。そのためには商館をハルピンに建設し、各地に支店を設置しなければならない。しかもその商館はロシア軍から疑われない程度に本格的な商売をするものでなければならない。

三、本格的商館を建設するからには、その経営は万一を慮り軍籍に在る者は不適格である。軍の事情に精通せる者にして、しかも商人たり得る者でなければならない。

石光真清は冷静に考え続ける。女郎屋は駄目だ。結論は写真屋だ。思えば幼年学校受験の時、柴五郎宅に寄宿し、厳しい指導を受けた。その柴五郎は明治二十三年清国に派遣され、諜報任務として働いていた。福建省の福州で従弟に写真業を経営させ、彼はその弟子となって活躍していた事を思い出した。一方町田少佐は急いで帰国、参謀本部に現地条件につき折衝することになった。

東京から極秘信書が届いた。十項余の要件があり、特に真清宛の条文は以下の通りであったのだ。

石光君ハ将来ハ現役ヲ離レラルコト万全ノ策ト思フ。然シテ御家族ヲモ二年ノ後ニハ同地ニ御召寄ヲ得ルノ一手段、又家族ニ対スルノ義務ナルベシ。兎角大丈夫ノ士苟モ一大抱負ヲ以テ国家ニ尽サントスルモノハ現役士官トシテ数本ノ線ヲフヤシ佐官トナリ将官トナルモ又民間ニ一大事業ヲ成功シテ国家ノ常設機関トナリ大ニ献呈スル処アルモ帰スル処ハ一ナリ。小生ハ寧口後者ヲ石光君ニススムル者ナリ。

真清は一時帰国の予定を取り止めた。軍人ヲ止メヨ。御意。この命令に満足した。もう階級が示す出世など考えなかった。俺のような生き方の予備役軍人があってもよいのではないかと心に決めた。すぐハルピンに行って、洗濯屋の様子を見なければならない。そしていち早く写真屋開業だ。

出発早早コザック兵の検問にあった。この検問解除のために一時間もかかった。同行の秋山のロシア語で助かった。取り調べでの将校が義和団事件で、日本軍はよく協力してくれた。日ロは助け合うべきだと言った。そして釈放されたのである。土工車に便乗してようやっとハルピンに到着した。その手で武藤、阿部野、秋山の三人にロシア帝国の野望根拠地を案内した。三人はラムネ製造業者篠田の家へ、真清は自分の洗濯屋に泊まった。

男装の花は一郎名である。来訪した三人を見て、真清に特別のお仕事で、と小声で言った。真清は頷いた。

花に写真屋もやると言った。ホテル経営より面白いと言って花は開業に賛成した。東京で軍務にあった弟真臣が、山本逸馬に指示して、技師は宮本、岡庭の二人を、また機材は小西六写真工業会社からカメラ購入をと、手廻しよく用意してくれた。山本の義弟を加え四名がハルピンに向かった。

写真館は東清鉄道会社の運輸部長ワホウスキーの力を得て二十間に十間、約二百坪の土地を借用し営業の許可を得た。菊池写真館が東清鉄道指定ということにもなった。事は順調だった。スタジオは、花が留守を守る洗濯屋とは四丁ほどの近い距離である。

忠実な花が菊池の悪い噂を巷で聞いて来た。菊池写真館は参謀本部の仕事で、菊池は陸軍将校だと。この噂の出所をつき止めた。すると噂は事もあろうにハバロフスクの参謀本部から出たのだ。即座にハバロフスクへ。なんとその男は鋳方《いがた》少佐だった。

真清の怒りは爆発した。彼は同郷の熊本人で彼が師範の教生の時、真清は生徒だった。幼年学校では起居を共にした間柄。恩師でもあり、ロシア留学のさい田村怡与造の許しで参謀本部でロシア事情を調査した時、彼は第一部員で彼から面倒をみて貰ったこともあった間柄だった。その先輩の少佐を許すことはまったく出来なかった。鋳方少佐は軽率を認めたが、お前に謝ることは出来ぬ、と突っ撥ね、俺は国家に謝罪してその責を負うと主張したから、真清の怒りは頂点に達した。

「私は今日個人としての石光真清、個人としての菊池正三として働いているのではない。参謀本部の機密機関員として働いているのである。個人としての私に謝罪せよというのではない。

国家の機密機関の直接の責任者足る私に対して謝れ！」

これで溜飲が下がったとはまだまだ言えたものではなかった。


ハルピンに帰ってみると菊池写真館は順調に繁盛していて驚いた。計算以上だった。そこで真清は考えた。真清は花を日本に帰すのが花への恩返しだと考え始めた。洗濯屋をこれ以上させる訳にはいかない。実行あるのみだ。花を連れてハバロフスクへ、そしてウラジオストックへ。真清は花に船中で一生の別れを告げた。

花は「故郷へ帰れ」の命令に従うとハルピンで涙声で言った。こんな女がいつまでも菊池さんにご迷惑をおかけしてはと思っていました、としおらしく女になった花が言った。花は男装の一郎ではない。真清が与えた美しい和服の袖で涙顔をかくし、声をあげて泣き出した。

船中で真清は花の長い間の労を謝し心をこめて言った。「お前はたくさんの情報を集めてくれた。留守もよく守った。商売も上手だった。しかし俺は俺のことは何ひとつお前に話さなかった。国へ帰っても俺のことは一言半句他人に言うな。お願いだ」。真清は断腸の思いで花に対した。

水野花と別れた直後、伊地知《いじち》少佐から近く資金を送る由の文書には、「お前のような軍人は他にいない、この際現役になり、国家に尽くせよ」とあった。この件については叔父の野田裕通氏にも相談したり、田村怡与造大佐にも聞いた。みな了解してくれた、と書き加えてあった。真清の胸はすっきり。御意。

伊地知の通信から二年。真清は二年ぶりに帰国した。妻も健康になっていたし、長女もすくすくと育っていた。早速、参謀本部へ出頭し、次長の田村怡与造中将に帰国報告をした。ついで叔父の野田経理局長を訪問した。参謀本部に鋳方少佐がいた。彼はあの一件は忘れた如く、印刷局の湯地敬吾が写真術が素晴らしいのでどうか使ってくれとの協力ぶりであった。真清はむろん承諾した。それは湯地の父親への尊敬の念からであって、鋳方への心からの返答ではなかった。彼は湯地の父親が清国の北洋艦隊が長崎港に入り威圧を加えたその時、日本はまだ手も足も出なかった。明治十七年のことだ。これを見て当時の長崎警察部長の湯地丈雄は、名誉を棄て、職を投げうち、妻子を顧みずして行脚十年、福岡市外千代の松原に念願の亀山天皇の銅像を建てた。元寇でご苦労され日本を守ったからだ。海防日本のためにだ。家庭は貧乏そのものとなったという。これを知っての湯地敬吾の採用であったのだ。その湯地に満州一帯のロシアの軍用地をことごとく撮影させたのだ。今は臥薪嘗胆、来たるべきロシアとの戦いのために、これらの写真がすべて役立つと真清は信じていたのである。

町田経宇《のりいえ》中佐と武藤信義大尉が駐在武官としてロシアの首都ペテログラードに発った。交替した前任の田中義一少佐が帰国途中、ハルピンに寄った。菊池写真館に立ち寄り一週間も遊んでいった。二葉亭四迷という変人男も遊んでいった。

真清は情勢報告のために帰国した。参謀本部の木下宇三郎少佐を訪ねた時、予備役になっていた花田仲之助少佐が、実はウラジオの本願寺にいた僧、あの清水松月と同一人物だと教えられて驚いた。清水松月と花田仲之助が同一人物とはまったく思えなかった。

明治三十六年十一月、ロシアの陸軍大臣クロパトキン将軍が満州視察のみならず日本をも訪問した。帰りに旅順の極東大守アレキセーフ大将と会っての結果、将軍は日本にまだ戦意なし、という情報をつかんだというのだ。しかし真清は旅順港の偵察をも確実にしていた。しかも旅順にも雑貨屋や写真屋の開店を計画し、実現させていた。とある日、ロシア駐満陸海軍統率の海軍大将アレキセーフが真清の写真館に来て、日頃部下が世話になっている、と愛敬よく握手をして帰ったのは何故か。

彼は旅順のロシア艦隊の演習を見て戴きたい、というのが主願だったことに間違いない。

菊池正三〔石光真清〕は身のひきしまる思いで、武者震いするのだった。

起るべくして対ロ戦となった。石光真清は内地に呼び戻された。四年間の満州シベリアでの苦労から解放された思いでほっとした。家では和服を着た。妻も娘も喜んだ。だがこれも束の間のひとときに過ぎなかった。召集令状である。見るとそれは第二軍司令部付副官だった。シベリア満州で道草を食わなかったら柴五郎のように大将になれた真清だった筈だ。真清にしてみれば思いもよらない人事であった。この人事は町田経宇少佐や田中義一大佐の建議で決ったものである。石光真清をおいて満州事情に詳しい男はいない。

最大のロシア通の田村怡与造の肺炎による急死は、日本陸軍の中枢から惜しまれて余りあるものがあった。対露戦の前、明治三十六年十月の死は軍にとって大きな損失だった。田村の才能や豪胆の気骨や任侠的な人情や性格全般が大きな存在であった。

最初大山巌は、田村なき後の大穴を埋めるべき後任を、伊地知幸介か福島安正かと考えた。とくに福島はシベリア横断を単騎敢行し、当時勇名を馳せたほどの男だ。しかしかつて田村に近い部下だったロシア通の田中義一は、対ロの難局突破は児玉源太郎しかいないと強く大山に進言、乃木希典は論外と談笑した。

山県有朋司令長官が考えてもいなかった、西郷隆盛軍に背面攻撃を具申したのは、黒田清隆中将だった。山県はこれを了とし八代方面から薩軍の背面を衝く作戦をとった。この時中隊長児玉源太郎は先鋒、氷川に進む。これを知った薩軍本営は愕然として劣勢に立たされ、西南戦争の勝敗はこの時、判然となったのだ。

神風連退治の活躍といい、西南の戦いといい児玉の戦術も戦略も山県は高く評価せざるを得ない。内心乃木にと思うのだが、児玉を推薦しない訳にはいかなかった。

大山総司令官は、児玉を総参謀長に決めた。中将の児玉は大戦中乃木中将を除き、他の三人の各軍大将の司令官に命令する立場に立った。

一方、石光真清は児玉と同年齢の福島安正のことが常に彼の念頭にあった。福島は日清戦争で第一軍の参謀、日露戦で大本営の参謀で満州軍参謀を兼ねたが、なんと言っても、情報収集の第一人者であったからだ。情報の石光で通っていた若い彼の自負心がそうさせていたのである。

第三司令官の乃木が旅順攻略に失敗し、これを見るに見かねて援助し勝利したのは児玉の作戦の賜物だった。七分児玉が露軍を打ち上げた、と桜井忠温は自著『将軍乃木』に書いた。しかし愚将と悪評の高い乃木が日露戦争の英雄・名将と呼称されるのは皮肉なものである。これは敗軍の司令官ステッセルに武士道的対応をした、と広く内外に評価されたからである。乃木の本命は天皇に忠節を尽くすことのみであった。

そもそも軍に参謀本部の設置を実現させたり、軍人勅諭の必要とその下書の要旨を書いて実現させたりしたのも山県だった。あの石光真清の家に一時寄宿した胆力ある谷干城は、これを批判して予備役に編入され、中将止まりで軍を退く羽目になった。田村も谷も児玉も骨太の明治の名将軍だった。

帝国陸軍八十年のうち、五十年間山県は陸軍を支配した。その長き影響の元凶は、日本最初の内閣総理大臣伊藤博文の、内実はさらにその上をゆく内務大臣になったことにもよる。大久保利通が最初の内務大臣として明治政府の礎を築き上げたように、彼が絶対的な権力を握った地位にあったことにもよるものである。特に陸軍の人事はほとんど長州閥で固めていたその張本人であった山県が死んだ時、彼の死を社会奉仕だと辛辣に歓迎したのは、甲州の政治家石橋湛山だった。

石光は、戦場であの妹の縁談を断って絶交されてしまった本郷源三郎に偶然出会った。かつて台湾における本郷の兵隊指揮の非を責めた石光だった。だが会うと本郷は、あの時命が惜しかったのではない。俺は部下を突入させれば部下は全滅になる。爆破口は狭く、一人ずつしか突進できなかったのだと弁明した。そして貴様はそうした俺を軽蔑したと難詰。しかし、今回石光は貴様の戦法は正しかったと素直に返答し、訂正した。そこで二人は昔のように再び友情を取り戻した。

だが、再会間もなく本郷は東鶏冠山の戦いで、胸に貫通銃創を受け、戦死した。「兵と艱苦を同じうし労逸を等しうするときは、兵も死を致すものなり」の軍の上官の心得とした橘周太大隊長の首山堡占領時の戦死は、国の内外で有名になった。世界一の大国にかろうじて勝ったのは、累累とした将兵の屍体を戦場に重ねた重い犠牲の賜物である。机上の戦術は役立たない。東條英機の父東條英教等三人の少将たちは戦争中なのに左遷された。折も折、「時事新報」に真清の従兄の法学博士浮田和民が有名な遼陽の戦いは犠牲者が多過ぎるという主旨で、

全力を尽くしたらそれでよいのである。負傷者、病者は直ちに後方に送るべし、而して健全なる戦友に職務を譲るべきである。こうして初めて国家としての戦闘能力が発揮されるのであって、無理に死ぬまで戦わせるようなことは、名誉でもなければ、国家として奨励すべきことではない。

と報じた。

これを知った石光真清が烈火の如く怒るのも無理はないのだ。身内に近い相手のこと、他言が出来ない始末であったからこそだ。戦争を知らない机上論である。心友橘中佐を代表とする戦死者に冷水をぶっかけたも同様の論旨だからである。

明治三十七年十月二十三日、石光は少佐に進級し、遼東守備軍付となった。

大森晶五郎は石光真清のつぎのレポートを読み終わって一息することとした。

　氷結した沙河を挟んで、日露両軍は対峙したまま動かなかった。双方ともに弾薬、兵器の補給が杜絶えて久しい。互いに相手方の戦力を推量し合って、見栄を張って意味のない射撃を加えてみたり、双方から白旗を掲げて、両陣の中央地点に相会して交歓会を開いたり。あれこれと手を使ってお互いに牽制し合っていた。その間、両陣の補給戦はしのぎを削っていたのである。旅順の陥落が日本軍にとって決定的に有利な条件になったといっても、旅順における日本軍の犠牲はあまりにも大きすぎた。世界一の大陸軍国が難攻不落を誇って築いた要塞であってみれば、それもまたやむを得ない結果であろうが、そのために第二軍を中心とする北上軍の補強は不十分なものになった。

　一体、日本軍は勝っているのであろうか。肉弾に肉弾を撃ち重ね、死屍に死屍を積み重ね、弾が尽きれば銃を逆手に打ちあい、銃が折れれば血塗れの手で頸を締め合って戦って来たのである。今や厳冬を迎えて奉天を前に、見渡す限りの大氷原に釘付けになってしまった。両軍の将校が白旗の下で交歓した時にも、両軍の戦績が話題になったことがある。ロシアの将校は日本軍の武勇を賞讃して勝利を祝福したが、日本将校は自信のない笑顔で頷くほかはなかった。

　冬籠りの三ヵ月、ついに最後の日が来た。明治三十八年三月八日である。この日が、わが第二軍の最後の死闘の日となり、また日露戦争における陸戦の幕が閉じられる日ともなった。

三ヵ月の間、氷原の友となっていた日露両軍は、突如として凄惨な死闘の鬼となって、広大な野戦を展開したのである。戦線は入り乱れ、随所に白兵戦が起り、伝令は杜絶え補給は断たれ、司令部の命令は、辛うじて師団に達しても、師団命令は第一線の諸部隊には伝わらなかった。連隊命令でさえが徹底せずに、随所に分散した小部隊は、敵兵と見れば出会い頭に射ち合い、弾が尽きれば銃を構えて飛びこんでいった。誰が命令するわけでもないし、誰が督戦するわけでもない。敵か味方か、この二つしかなかった。そこには作戦もなければ戦略もなかった。

全軍悪戦苦闘の二昼夜、いずれの部隊にも勲功の差はなかったが、わが第二軍にあっては第三師団の正面が最も激しく、そのうちでも、李官堡の前の畑中の三軒家の奪取戦は凄惨なものであった。歩兵第三十三連隊は連隊長吉岡友愛中佐が陣頭に立ち、弾尽きて白兵戦となり、斬って斬って斬りまくり、ついに軍刀も折れ、力尽きて、日露両軍兵士は重なり倒れた死屍の上に戦死を遂げたのである。この報告を傍らで聞いた私は、その翌日の三月九日午後三時、騎兵一騎を伴って苦闘の第三師団を訪ねた。

この実録こそが日露分け目の関ヶ原の決戦、遼陽の戦いだったのだ。

日清戦争の時、田村怡与造と山県有朋は作戦問題で衝突した。日露露戦争で、今度は児玉源太郎とまた山県有朋とが対立した。御前会議の中での対立であった。山県の思う通りにはならなかった。

問題はいつも山県にあった。児玉は大山の女房役として合格だった。満州軍総参謀長の児玉はなにごとも総司令長官の大山に細大もらさず報告した。とかく決断に甘い太っ腹の大山の存在を疵つけてはならない配慮であった。会津女の捨松を妻に迎えた薩摩の大山はまた同じ長州でも萩でない周防出身の児玉を信頼し国難に対処してきた。

前線の石光には大本営のことは分からなかった。広島の特設大本営は第二軍に対してどうであったか。

悪戦二百有余日、やっと「旅順は陥落したが、第二軍の増強は急には捗らなかった」と、石光は遠慮深かげに苦言する。石光のレポートの三月八日の突撃でロシア軍は奉天から撤退。十日に奉天を占領。現場を理解しない御前会議は能天気にも戦争続行論で一色状態であった。

これを知ったローズベルト米大統領が講和に乗り出してきたのである。日本の陸軍には、これ以上の戦争の余力はまったくなかった。この大戦は辛勝に過ぎない。

大森晶五郎は十歳で会津の戦いに出合った柴五郎少年に共鳴した。また熊本城攻防戦に出合った十歳の石光少年にもまた共鳴した。「昭和十四年間戦争」に十四歳で志願参加した晶五郎だったからだ。

石光真人が柴五郎の武士道を貫いた書を著した。また真人の父真清は自らの愛国の人生を正直に書いた。そこに晶五郎は深く感動した。

明治の軍人の後輩、たとえば東條英機の先輩や彼の僚友たちは何をしたのか。国民の自由を奪い、天皇制を利用し軍人中心の政治を行った。彼らには国家敗北の具体的イメージが欠落していた。軍人の本分が皆無であった。満州はロシアと日本が入れ代わっただけ。対ロシアの義賊たちは反転して、反日となった。関東軍は彼らを匪賊として討伐した。計画通り満州事変は起こされ、傀儡満州国生誕もまた予定通りだった。

いい気分な軍人たちが満州建国でなお満足せず、さらに無謀な成算のない南進を企てた。武士の刀は身を律することであり、軍人の本分は冷静な判断力で情勢の分析と国民を守ることである。

大正一〇年八月三一日石光真清は五五歳、一切の軍関係から離脱し、平凡な老商人になった。二人の優れた級友を戦死で失った彼にしては遅い市民としての出発だった。

彼は家庭を大事にした身分の男としてなお生きたのである。

付記

この作品は石光真清『城下の人』ほか（中公文庫）と石光真人『ある明治人の記録』（中公新書）に負うてなり得た。深謝して許しを乞うものである。

（二〇二〇・一二・二一）

Ⅲ　偉大な才能の破格者ルソー追慕の記

――懺悔は語られざる哲学であるが、『告白』は追想の文学である

1

ルソーについての私の思いを書く。敗戦直後、年少の敗残兵にすぎない私を、世間の人たちは面むきは通常な人間として見ていたのかも知れないが、精神的には大袈裟に表現する訳でもなくただただ孤独であった。

椎名麟三の最初の著書『深夜の酒宴』の出版とほぼ同じ頃（この作品から椎名麟三の知遇を得た）、私はルソーの『孤独な散歩者の夢想』という本を知った。早速入手した時、すでに昭和二六年九月一〇日二刷であった。訳者が同県人の青柳瑞穂だと知ってか読書に訳もなく力が入った。

訳者は〈私は戦時中、ふとした偶然から「夢想」に接する機会を得、その読後の感激を帝都残留仲間の上林暁君に洩らしたところ、はからずも同君もまたこの書の愛読者であって、かえって私はその翻訳を慫慂されたようなわけだった〉とあとがきに記した。

青柳瑞穂もいつ召集されるか分からない。仲間の殆どは戦地にいる。「孤独」の言葉に惹き

つけられたに違いない。私小説作家の上林暁もまた同様であったろう。彼らの孤独感と私の孤独感はまったく違っていたが、ルソーがこの私の孤独感を消し去る力になり得たことは真実であった。私の結婚前のことであった。

そして今、亡妻七回忌を前に『告白』を読むに至った。前著書は新潮社。『告白』は桑原武夫訳の岩波文庫である。現在同書は絶版で入手は古書でも困難なほどだ。私は市の図書館に貸出を依頼したが所有してない。さすが県立図書館には在った。しかし私物でないので書き込み不可。姪が上と中下と別別の古書店から探し出し、三冊揃えてくれた。

2

いちいち読書感を述べることはなかなか困難な大著である。ルソーとはどんな人かと訊かれたなら、私は一口で答えなければならない。しかしこれはなかなかむつかしい。私は困難を承知で、「彼は時計職人の父の二男だ、学校で勉強はしていない。つまり独学だよ。ちょっと椎名麟三と似ているところがあるだろうな。敗けずぎらいな少年だ。貧しくて自宅には居られないから他家の援助で大人物になった。少年時代から寄食だよ。奉公だよ。むろん男だから女好きだよ。とにかく女についての好き嫌い、恋人への発露の有る無しの告白の本だ。その告白の中身が凡人と違っている。だから面白い。しかし、次から次と登場する人物たちなど、いちいち記憶出来ない。主要人物たちだけ覚えておくだけでよい」。こんな具合に答える。一口になっていない。

とにかく寄食人の身分から出発し、宮廷社会の連中に認められるまで、それ相当の社会的評価の仕事を成し遂げた天才の訳だな。

あのルイ十五世の時代。十八世紀の中頃の事だよ。君は映画「仮面の男」（レオナルド・ディカブリオ主演）を見たかね。あれはルイ十四世の双子の争いを描いたものだが、貴族階級の生活がどんなものか表現されていてルソー理解の参考になったが、つぎのルイ十五世になるとフランスもオーストリアと七年間も戦争などして敗北。王政は乱れた。国民に重税を課し、王は自らは二人の夫人を寵愛する。農民などは昔から奴隷のような生活。伯とか公とか爵位の称号が幅を効かせて、その夫人たちが王の愛した両夫人たちに敗けず劣らず男を男とも思わずの行為、一方男も男でサロンで力くらべのような上流社会。ついでルイ十六世がこともあろうにオーストリアのマリー・アントワネットを妻に迎えた。国民は大反対だった。重税の上に何故アメリカ独立戦争を援助するために国債を増やすのか。当然平民と貴族僧侶が、国民議会を組織する。ルソーの思想にやっと光が当てられ始めた。こうしてフランス革命になっていった。

いや、そこでそのルソーはどうなっていたのかね。だから上中下三巻を読み給え。やはり私の説明はとても一口では語れるものではない。参考までにコッポラ監督の映画「マリー・アントワネット」を見れば、王政制度の崩壊が誰の眼にも予見できる。映画は楽しく苦労はないよ。

3

ルソーを一八世紀のフランスの最大な思想家に育てたのは、勿論彼自身の努力と才能によるが、なんといっても想思想愛となったヴァランス夫人あってのルソーの存在となる。このヴァランス夫人との出会いは極めて重要である。そこの場面は知って欲しい。他人事ではない。君の初恋の人との出会いに重ねて読んでも差し支えない。むしろその方がよい。

無一文の青年のルソーがヴァランス夫人の家へ行く時の心境から始めよう。

〈ヴァランス夫人の家に近づくにつれて、わたしの心臓がどんなに動悸をうったことか、足はふるえ、眼は何かでおおわれたようで、何も見えず聞えず、誰の顔をも見てもわからないほどだ。何度も立ちどまって息をつき、正気をとりもどさねばならなかった。こんなに落ちつきを失ったのは、あてにしている援助がえられぬかもしれぬ心配からだったろうか〉。その言葉に続いて、〈わたしが自分をもっとも不幸な人間だと感じたのは、生活上に何の不足もなかったときであった〉の付け足しのような表現は『告白』を書き始めた天下のルソーになったから言える晩年の言葉である。青年ルソーは衣食住よりもすでに夫人に眼が眩んでいたのであった。

〈ヴァランス夫人の前にあらわれると、すぐ、その様子を見て気が落ちついた。最初の声のひびきに身うちがふるえた。彼女のほうは、わたしの消息を知っていたのかどうか知らないが、顔に少しも驚きの色もなく、憂いも見えなかった。「かわいそうに、帰って来たの？　あんな旅をするのは、あんたのような若い人にはむりだとわかっていました。でも、わたしが心配していたような悪い結果にならなかったのは、うれしいこと」やさしい声音でそういった〉

そして二人の関係の成立となっていく。

〈最初の日から、一生このひとが変えようとしなかった、ごくやさしい親愛さがわたしたちの間にできてしまった。「坊や」というのがわたしの呼び名、「ママン」（かあさん）というのがあのひとの名だ。これからずっとわたしたちは「坊や」と「ママン」でとおした。ながい年月がたって、二人のあいだの自分の相違がまったく消されてしまってからもそうだ。この二つの名は、わたしたちの暮らし方、態度の隔てのなさ、とりわけ互いの心の結ばれ方をよくあらわしていると思う。夫人はわたしのためにもっと優しい母、自分の喜びをもとめずわたしのためばかり考えてくれた。そして、わたしの愛情の中に感覚的なものが入ってきたとしても、こういう愛情の性質はそのため変わりはしなかった。かえってその愛情がもっと微妙になり、快く愛撫することのできる若い美しいママンをもっと楽しさに酔うことができたのだ。わたしは愛撫する、と文字どおりにいう。あのひとは接吻にしろ、母らしい情のこもった愛撫にしろ、少しもわたしに惜しもうとしなかったけれど、わたしには、それを悪用しようといった考えは一度もうかばなかった。最後には少しちがった関係になったじゃないか、という人があるだろう。それは認める。しかし少し待っていただきたい。一度に何もかも話すわけにはゆかない〉

4

アンシの古い町の二人の生活からルソーは、リヨンの町へ。聖教隊の音楽教師に付添ってリヨンへ出かけた。ヴァランス夫人の指示だ。このルソーのリヨンでの生活の間、夫人は中世の石造りの町の家並があたかも城壁のようなシャンベリーに移って居た。一四ヵ月ぶりの再会はこの町の牢獄のような二人の住居だった。住みついて二年目、二一歳のルソーは、一二歳も年長の夫人の愛人になった。夫人から愛を打ち明けられたからだ。夫人はルソーの愛人ではなく、夫人の愛人にルソーがなった。この時代珍しいことではない。

しかし、この夫人、ルソーのママンに近づいてくる男たちに対する彼女の気のよい待遇、やさしい扱いに対するルソーの立場はどうか。奴等の前で、いつも「坊や」となってしまうルソーの平気（?）らしい態度に読めてしまうこの二人の関係が、私にはどうにも理解できない。しかも、のちのちこのママンの老後の落ちぶれた姿を遠くから眺め、能うる限りの援助をするルソーの気だては見事と言ってよいだろう。

何故なら、ルソーにはテレーズという妻がその後にあり、とうの昔にヴァランス夫人からの愛人の立場ではもうないからだ。

テレーズと知り会う当時のルソーは暗い。〈わたしはいつも、わたしをわたしのテレーズとむすびつけた日を、わたしの道徳的存在を決定した日と考えてきた。わたしは愛情が必要だった。というのも、わたしを満足させるはずの例の愛情は、あんなにも無残にこわされたからだ。幸福への渇望は、人間の心のなかからけっして消えさりはしない。ママンは年老い、しだいに卑しくなってゆく。彼女が地上ではもはや幸福になれないことは明らかだ。彼女の幸福をふたりでわかちあう希望は永久に失せたのだから、あとはただわたし自身の幸福をもとめるのみである〉そして〈もうこの世には精いっぱい努力してみたいと思うようなものは何もない〉

起伏の激しいルソーの感情である。このように書くことで、ルソーは死ぬまでヴァランス夫人の事は忘れなかった筈である。ママンには頭があがらなかった筈だ。ルソーの実力養成のその土台になって、彼に力を与えたのはなんと言ってもヴァランス夫人。彼にとっては崇高のたった一人の女性であった。

妻になるテレーズに会う前に、ルソーは何人の女性に恋の熱をあげてきたか、数えていないので分からない。恋多き男である。ルソーの存在が次第にスイスやフランスで大きくなるに従い、彼の交際範囲は広くなっていた。これはルソーからの働きかけではなく、むしろ未知の人からの働きかけや既知の人たちからの働きかけである。教会の人物から、読者から、噂から、彼に接しようとする人物たちなど、数えきれないさまざまな人物たちの登場である。病弱で人のいい彼が彼らに与えられた時間を考えると惜しい思いで『告白』は読まれる。それらの交際は彼への尊敬からは少なく、多くは彼の輝く業積に対する嫉妬であった。

たとえば『社会契約論』は、人間は生まれながらにして自由である。しかしいたるところで鉄鎖につながれている。ある者は他人の主人であると信じているが、事実は彼こそ奴隷である、などと書くから、貴族上流社会は許さない。すると醜い名のある人人が彼の筆で切りきざまれもする。すさまじいのは、某某貴婦人たちである。某某氏夫人たちはルソーに近づき、彼を裏で批判誹謗するのである。貴族社会の日常は、働労することはない。消費の日日である。時間消失の日常である。誉めたり貶したりする表裏を巧みに操縦しつつ、自分の地位や保全に努めている。時計屋出身のルソーだ。日本の徳川幕府が定めた士農工商から言えば、最底に近い工の身分の出身である。当地では農民は正に奴隷なみだから、その上に位置しようか。

やっと安心できそうな女に出会った。

〈わたしがテレーズと知りあったのは、ちょうどそんな時であった。この娘のやさしい性格は、いかにもわたしと似会いいと思われ、歳月やさまざまな妨害にもたえうる愛情で、わたしは彼女と結ばれた。この愛情を砕くはずのものが、じつは愛情をつよめるばかりである。わたしの不幸のどん底で、彼女がどんなにわたしの心を傷つけたか、その裂傷や傷痕のことを追ってわたしは公開するつもりだが、そのときにはこの愛情のつよさがわかっていただけよう。もっとも、これを書いている今の今まで、誰にもそのことで不平の言葉をもらしたことはない〉

ルソーの回りくどい表現はこうした女性論に展開されている。しかも自分にのみ都合よい表現である。だから読者に素直に理解できないのである。翻訳文という制限にせよ、こうした書きぶりは大仰すぎていないか、と君だって思う筈だ。多分、きっと。

〈わたしは同じことを何度もいう。読者も御承知のとおりだ。だが、そうしなければならないのだ。わたしの欲求のうち、第一のもの、最大最強のもの、もっとも根づよいもの、それはそっくりわたしの心情のうちにある。つまり、心の底からのあたたかい交際、可能なかぎりあたたかい交際への欲求だ。同じ肉体にふたつの魂がやどるというのが理想で、さもないと、わたしはいつも空虚を感じる。そんな空虚をもう感じなくてもいい時がきたとわたしは思いこんだ。この若い娘には美点がたくさんあり、当時は顔立ちもよくて、いかにも愛らしい。技巧や媚態のかげもない。だから、わたしののぞみどおり、こちらが相手をすっかりとりこんでしまえたら、彼女もわたしの存在を彼女ひとりのなかにとりこんでしまえたであろう。男関係で気がかりなことは何もなかった〉

ルソーはテレーズに満足した。しかし彼女の家族の誰一人にも満足できなかった。それでもルソーは妻とすべき女性にめぐり合ったことにこのように満足しているのである。

彼は結婚してからも、老齢になるまで、何人もの女性に関心を持ち、勝手に内心熱をあげているのである。じつに女好きの男である。日本語表現にするならばさしずめ助兵野郎というのに価する。

5

私がルソーを尊敬し止まないのに、どうしても理解できないことが一つある。ルソーもだが同時に妻のテレーズの妻として母としての人間性の問題としてである。この夫妻の人生が如何に歴史的に光栄あるものにせよ、日本の一人のこの私という小さな読者であっても、また世の多くのルソーの著書の愛読者でも私同様に理解不可能というより、許せない問題があるだろう。『エミール』の著者であるだけに許せないだろう。これは私の誤解であってほしいのだが、ルソーはテレーズの間に、次ぎ次ぎと五児をもうけていた。この愛の結晶の子供たちをルソーはどうしたか。どう考えていたのか。こんなことまで正直にルソーは告白しているのだ。

〈おたがいに真剣に愛しあい、わたしはやさしい心情をすべてそこにそそいでいたのに、それでもその心情の空虚がみたされなかったわけはここにあった。子供がその空虚をみたしてくれるかもしれぬ。その子供が生まれた。しかし結果はいよいよ悪かった。こんな育ちの悪い家族に子供らをまかせて、彼らよりもっと育ちが悪くなったら、と思うとぞっとした。孤児院の教育のほうが危険がずっと少なかったのだ。わたしの決心の理由は、フランクイユ夫人への手紙でいろいろのべたが、そのどれよりも強い理由はこれだった。しかもこれだけは、どうしても夫人にいいだせなかった。どんなきびしい非難をうけても、それの弁解にまわるより、愛するひとの家族をそっとしておきたかったのだ。だが、理屈はなんとでもいえようが、テレーズの兄の下劣な素行を見てもらえば、この男のうけたのとおなじ教育を、わたしの子供にうけさせるべきだったかどうか、判断できよう〉

別のところでルソーは「この一件の結末は情状酌量されるだろう」とか「捨子というそもそもの過失はより重大なものとなろう」とまるで他人事のように言っているのだ。

このルソーのとった態度を、私は醜いと思う。意気地なしと思う。テレーズ家の聟入りのルソーは、そこから脱出すべきであった。全力で脱出し、父性愛の独立を示すことが父としてのとるべき態度ではなかったか。その後、仕事のこともあってテレーズと独立した時にも、彼女の母親がついて来て、夫婦一体のみでの独立はなかった。妻も妻だ。むしろ五児の母にも問題はある。母親がわが子を五人ともすべて孤児院に入れてしまうという、母親にあるまじきこの母性愛はどこに消えた。最初からなかったのか。二人のこうした結婚生活、家庭（？）生活が私には理解できない。そこが天才は常人と違うところたというのであろうか。

前にも触れておいたが、ルソーとヴァランス夫人の二人生活の家へ寄食男性が訪れ、夫人が気に入り、この男の居候を許す。すると、ルソーは、その居候となぜか仲良しになる。こんなことは常人にできるものではない。ルソーは心が広いのか。多分心からこうした生活を許しているものでない。ルソーはママンをそれほどに深く愛し、尊敬しているという口調であるが、ここにはやせ我慢がある。嘘がある。この一件も分からない。

「孤児院の教育のほうが危険がずっと少ない」というこの正当化のための詭弁に私は驚く。そして、この長大な『告白』の中に、この五児が今どこにどうしているということは何も書いていない。血を分けた自分の子供について、ルソーは何も考えていなかったのか。人間としてそんなことはあり得ない。『告白』の中で、このことだけは告白しようにも子供たちの消息が少しも分からなかったので、書きようがない。私はそう思って、ルソーの人間像を自分なりの想いの中でこのように彫琢してみたのではあるが……。

ルソーの教育思想がなんであるかにせよ、一八世紀最大の思想家の欠落点は、この足下の一点にあるように思う。これはあながち私の読みが浅いせいばかりではあるまい。

6

ヴァランス夫人があっても、妻のテレーズが近くにあっても、ルソーの女への恋情は続く。これはそのいい例であり、彼が力をこめて告白している代表的女性に、ドゥドト夫人がいる。彼女はドゥドト伯爵と結婚していた。この三〇歳近い女性についてもルソーは語る。

〈けっして美人ではなかった。顔にはあばたのあとがあり、色もうひとつ冴えない。近視で、眼はすこしまるい。が、それでいてどことなく若やいでおり、表情はいきいきとしてしかもやさしく、愛くるしいのである。ゆたかな黒髪がふさふさと波うって自然のカールをなし、ひざまでたれていた。小柄で、立居振舞いにはぎこちなさとしとやかさとが同時にうかがえる。ごく自然でごく快活な精神とをもっている。陽気と粗忽と無邪気とがうまいぐあいにそれとむすびついている。感じのいい機知にとんでいたが、それは求めて言いだすのでなく、ときにはわれにもあらず口をもついて出るのだ。趣味のひろいひとで、クラヴサンは弾く、ダンスはうまい、かわいげな詩もつくる。性格はといえば、これは天使のよう。やさしい魂がその根本だったが、慎重と力強さとをのぞけば、ほかのあらゆる美徳をあつめていたのだ〉

ルソーの大袈裟の表現。痘痕《あばた》も笑窪の類である。「天使のよう」の一言だけでは、まだ事足りず、ドゥドト夫人への賛美は連綿と続くのである。彼女と彼の関係をもっと知りたいなら君は『告白』（中）の二四九ページから読み始めるとよい。告白の性質から老いて何んでも言える心境になったからと言っていいものかどうか。私は彼の『孤独な散歩者の夢想』を青春時代どんなに真剣な気持ちで読んだか知れない。偉大なるルソー。偉大なる思想家が……。この時、まだ私は『告白』を読んでいなかった。歳老いて、読んでいるのだ。ルソーの文才は誰しもが認めている。恋人の表現は今見ての通りだ。しかし、当のルソーは〈消したり、書きなぐったり、いりまじったり、判読できないようになったりした、わたしの原稿は、この苦労のあとをよくしめしている。印刷にまわすまでに四、五回は書き改めなかった原稿は一つもない〉

こうしたほんとうの裏話を知ると、私は天才にしても、かくあったのかと驚き、もうこれ以上の感想も批判らしい駄弁的生意気も、まさに一言半句も言えた義理ではありません、である。

7

訳者の桑原武夫に言われるまでもなく、読み進んでいくとルソーの自然描写は、先のドゥドト夫人の描写よりもなお鋭い。彼は散歩が好きで、散歩しながら頭の中で文章を書くというのだ。或は不眠の最中、頭の中に文章を書く。とにかく都会よりも人のいない田舎が好きなのだ。さらにまた空想が好きだ。リヨンへ行く途中、〈空想をえがくのに夢中のあまり、じっさい道に迷ったことが何度もあった〉という面白い告白もある。これもまたあり余る天才のあかしであったろう。

さて、青春時代に読んだ『孤独な散歩者の夢想』の信奉者とすれば、最後にこれを書いた場所をなんとしてもここに紹介しないでは済まされない。スイスに小さなビエン湖がある。その湖の中に小さな小さなサン・ピエール島がある。そこにルソーは静かな晩年を過ごしてきた。広い世間から逃げるようにしてここを発見してきた。亡命さきのような所となった。彼の書いたものは絶賛されるかと思うと、思わぬ不評となったりもする。この不評は故意的なものが多い。上流社会の交流には人間不信を当然としていた。油断は許されない。昨日の友は今日の敵として立ち現れる。

しかしルソーの生き方は、自然体そのもの。感じたことのそのものの表現である。彼の出生地とパリは天と地ほど違う。そこにルソーが、あの自然児のルソーがうまく合致できるものではない。だから彼は女にばかり眼が行く。書くものは、社会の条理、不条理など気になっているものばかり書く。しかし、その作物が国王を支える上流社会人のサロン、つまり彼らの社交会から、一回こんなものは相ならぬという誹謗の声があがると、それは炎となって作者に襲いかかる。彼は命を失うほどの危険の目に何度もあっている。だから、もう静かな場所がほしい。それが、スイスのビエン湖内のサン・ピエール島だった。彼のいう「カクレガ」だ。

〈昼食後の時間は、きまりなくときどきの衝動にしたがってぶらぶらとすごした。風がしずかなときは、よく食後すぐ一人で小舟に飛びのって、収税官が教えてくれたとおり、一本のかじをあやつって、沖に出た。岸をはなれる瞬間、身ぶるいするほどの喜びを感じた。よこしまな人人の手のとどかぬところにいるというひそかなしあわせ。岸をはなれるときの喜びは、そうとでも言わなければ、説明も理解もできない。この湖上をひとりさまよい、ときには岸に近づいたが、決して舟を岸にはつけない。しばしば風と波とのまにまに舟をまかせて、あてどない夢想にふけった。それは、たあいもないものだったが、でもやはり甘美であった。ときには、感動をこめてわたしは叫んだ。「おお、自然よ、おお、わが母よ。わたしはいまここに、おん身一人の保護のもとにいます。ここには、おん身とわたしとのあいだにわりこむずるい悪者はいません」。わたしはこのようにして、陸から半里ほどもはなれる。わたしは、この湖が大洋であったら、とねがった。しかし、水の上にそんなに長くとどまるのがわたしほどに好きでないわたしのかわいい子犬のご機嫌をとって、散歩の目的地に向かうのがつねであった。小さいほうの島に上陸し、一、二時間散歩し、丘の頂上の芝生に横になって、湖やあたりの景色を讃美して楽しむ。手にふれるかぎりの草をしらべて解剖したり、第二のロビンソンになった気で、この小島に想像の住み家を建ててみたりした。わたしはこの小山につよい愛着をいだくようになった。収税官夫人やその姉妹たちといっしょにテレーズも、その散歩につれていったとき、水の上でも陸の上でも案内人であったことに、このわたしはどれほど誇りを感じたことか！〉

ルソーはこのような文章が好きだ。読者も羨望しながらルソーと共に快い散歩ができる。

私はサン・ピエール島がどんな島かは知らないが、読書中はルソー並に知ってしまったつもりでいるのである。ひょっとすれば独身の頃みた映画「わが青春のマリアンヌ」の湖かも知れない、と勝手に想像して読んだ。こうしたルソーの『告白』は、私小説の好きな私には願ってもない作品のように思えてならないのだ。

8

牢獄は不自由の缶詰のようなものだ。そこで肉体的にも精神的にも自由とは何か、とつきめて思考する散文精神的人物は少なくない。椎名麟三の文学の主題はまさにこの自由とは何かのためのたたかいのようなものの産物だ。一作一作がその思索の発展の足跡のように見えるのだ。埴谷雄高が獄中で虚体の創造によってより宇宙哲学の世界の中で自由になり、半生『死霊』を書き続けた例も自明である。また一方戦争中の生きざまをきびしく省察した大熊信行の「告白」も秀逸故に無視できない（一九四七年「季刊理論」）。

一八世紀のルソーはすべて自然体だった。だから出生する人間がすべて自由であるべきだと思うが、現実の社会的存在となると、そうではなくなる。ルソーは「人間は生まれながらに自由であり平等であり、また善である」と書く。これだけでもサロンの人種は頭にくる訳だ。平等であっては困るのだ。しかしそのような社会にする約束が、社会秩序が、人人の意志で定められるべきだ。その意志こそが主権ではないか、というのがルソーの注目すべき思想である。今日では別に珍しい思想ではないのだ。当然のことだ。一八世紀このことを書いた『社会契約論』がフランスやスイスで問題になった。『エミール』では「自然に帰れ」と説いた。今更帰れる訳がないではないか、という反論は、二一世紀に通じている。遅まきながら、自然保護運動が二〇世紀の日本にあった。今は、なんでもかんでもエコロジーという。ブータン国が、二一世紀最も住みよい平和国家だというのは定説のようだ。ルソーは、ブータンに生きていた。

フランスやスイスの政府から追放されたルソーは放浪生活の人生だった。こうした中にあっても、ルソーは執筆の手をまったく休んでいたのではなかった。ところが追放前に書いたものがそっくり盗作されたり剽窃されたりしたが、そうした徒輩《やから》にいちいち対応もできないルソーであった。

ルソーの社会的思想としての『社会契約論』について、山下泰子はつぎのように説明している。

〈個人個人は、自立的なものとしてまずあり、その各人が相互に契約を結ぶことにより、社会秩序を樹立することになる。（中略）このようにして樹立された社会秩序をルソーは一般意志とよび、主権とよぶ。（中略）この主権の担い手こそは、ほかならぬ自由なものとして生まれたわれわれ自身であり、そこから導かれるのは人民主権論である。（中略）彼の生地ジュネーブのような小農民、小所有者の自給自足的経済社会を前提とする小国家を念頭において書かれたものであろう。こうして本書は、その副題にあるように「政治的権利の諸原理」についての発言であったために、フランス革命のみでなく、近代市民社会を啓いた聖典とされたのであった〉

前後したがルソーの経歴を研究社の『世界文学辞典』で紹介することにしよう。

〈ルソー、ジャン＝ジャック（一七一二－七八）フランスの思想家・文学者。ヴォルテールと並ぶ第一八世紀の代表的作家で、いわゆる啓蒙思想家の一人。ジュネーヴの生まれ。一〇歳の時に父の家を離れて各種の職業に従事し、また各地を放浪した。一六歳から三〇歳までアンシのヴァランス夫人の保護をうけた。シャルメットにおける彼女との同棲時代は彼にとって最も楽しい時代であったと共に、古典・文学・音楽について熱心に勉強した時代でもあった。一七四一年に新式の音譜記載法の発明を以って世に出る心算でパリに出たが成功せず、グリムなどと交友を結び、社交界に紹介され「百科全書」にも寄稿することとなった。一七五〇年ディジョンのアカデミーが募集した「科学及び芸術の発達は習俗を醇化させたか、それとも悪化させたか」という題の懸賞に応じて、これを否定的に論じた「科学及び芸術論」が一等に当選し一躍文名を得た。自ら作詞・作曲したオペラ「村の占師」（一七五二）が上演されたのもこの頃である。一七五四年「人間不平等論」を発表し、そののち続続と一八世紀の思想界を震撼させた大作を発表した。即ち「観劇に関する書簡」（一七五八）「新エロイーズ」（一七六一）「社会契約」（一七六二）「エミール」（一七六二）「パリ大司教クリストフ・ポモンへの弁駁書」（一七六三）「山からの手紙」（一七六四）等である。「エミール」に述べられた自然宗教の理論と彼の被害妄想的行為とによって各方面から招いた迫害のために、彼は一七六二年から八年間ヨーロッパ各地を転転とせねばならなかったが、一七七〇年に漸くパリに戻り、六六歳でエルムノヴィルに没した。その最大の文学的著書となった「告白録」（一七八一－八）や「ルソーはジャン・ジャックをかく考える」（一七七五）及び「孤独な散歩者の夢想」（一七七七－八年稿、一七八二年出版）等は晩年の作品であり、死後に発表された。

ルソーの本領は、一八世紀的な社会倫理を最も独創的に掘り下げた点にある。その根本思想たる自然の説は「自然は人間を善良・自由・幸福に作った。然るに社会は人間を邪悪・奴隷・不幸にした」という命題につきており、彼の全著書作も、この原理に照らして失われた個人と社会を恢復する方法を説いたものである。

彼の影響は哲学・政治・教育・文学の各分野に亙って他に比類のない程の広さと深さを以て後世に及んでいるが、文学の点についていえば、その詩人的稟質の表現とのいうべき自然美への感性的自覚・感情の優位・自我の解放などの点によって、従来のフランス浪漫主義文学に総て彼にその源流を持つとされている。

日本では中江兆民や幸徳秋水が、ルソーの思想を自由民権運動として展開した〉

9

立派なルソーの経歴を最初に書き始めたならきっと君は私のこの文章とは無縁になっていたと思う。相手が巨大きすぎるからなあ……。

私は年少の敗残兵のことから書き始めた。とにかくルソーの女好き、助兵のことを中心にこの文章で展開したつもりだよ。君、男はみんな助兵だよ。女だって男の助兵を排除していない以上助兵だよ。西欧の女性——ルソーの『告白』に顔を出している女たちの多くはみんな助兵だったなあ。少少言いすぎだな。伯爵夫人なんて、いや公爵か、とにかく有名人たち、つまり爵位のあるなしにかかわらずご夫人方はサロンで表向きは助兵のように見えない。でも心の底では、やっぱり夫の浮気に敗けないようにこれはという男に近づくものらしいのだ。無冠のルソーがアカデミーの会員になったその直後から、いやその前からもルソーに劣らぬ助兵女は大勢いたようだ。ルソーには女を惹きつける魅力があったことはあった。

あんな大天才だって『告白』を読めば、助兵野郎の一点では、君、凡人ひとしく大いに救われる思いではないのかね。正直言って、私は小説『粉糠三合説異聞』に収録されている掌編小説の一つにルソーのことを書いた。これを編集長は勝手にエッセイのジャンルに区分けしたので私の不満は消えないが、あれを書く時は、ルソーがヴァランス夫人の愛人なんてまったく知らなかった。まして、ルソーに正妻テレーズがいたことも知らなかったよ。運のいい男だ。逃亡的な放浪で入獄だけはまぬがれた。しかしルソーの存在に敗けないヴォルテールは、二度も入獄の体験をしていた。彼の詩が入獄の理由となった。晩年はルソーと違って広くヨーロッパの知識人に高く評価されたそうだ。

私はルソーは、孤独な夢多き文人ぐらいの人にしか思っていなかったな。だってあの当時には他人に言えるほどの蔵書がなかったもの。今は少しは書棚に蔵書が揃っているがね。ところがどうだ、岩波文庫の『告白』上中下三巻がなかったのだ。亡妻の七回忌前にはなんとしても読みたいと思った。辞典子は、ルソーを放浪主義の文学の祖だと書いていたが、意外にリアリティに溢れてもいたと思う。私は私小説の祖だと合点した。むろん民主主義思想の開祖だと今は断言してもいいと思うのは当然のことだがね。

　私は山梨県韮崎市の釜無川の武田橋から宗教法人タイ国タンマガーイ寺院山梨別院の裏まで、往復約一時間弱の散歩で汗を流している。毎日ではないがね。ルソーの散歩好きを真似ている訳ではない。汗を流し、シャワーを浴び、着がえてそのあとビールを飲むためにだ。

　しかし、歩きながらルソーのように考えてしまう。それは執筆前の構想とか、執筆中の推敲のことなどである。ルソーは多くスイスの景色の中にいた。私は富士山や南アルプスや八ヶ岳の山山を眺める中にいる。他人には言えない私の「告白」は、いったいいつ神か仏か知らぬがこの私を亡妻の許に早く送りだしてくれるのかどうか。そのことだけが当面のその問題だ。ただ、無為無思索、ただながく生きていることなんか私には意味がない。敗残兵になったその時からのこれが問題だった。そして只今妻が亡くなってからのせつじつな中心的命題がこのことであるのは決して嘘でない。

　君、分かってくれるかね。誰一人憫笑《びんしょう》こそすれ、同意するものはいない。ただ『告白』を読んで巨大なルソーの孤独に管見《かんけん》ながら一歩近づいたように思えたよ。救いだよ。そして追慕である。なんとなく世界の大天才ルソーがなつかしくなったじゃないか。

（二〇一六・一二・二三）

訳者について

①

青柳瑞穂に会ったことはない。『文士の風貌』という井伏鱒二の本で詳しく知った。骨董では一大見識、一家言の人で、「掘出しものをみせてくれ」などと言えば相手は忽ち腹を立てる。「埋もれた文化を捜し得た」ものを見せてくれと言うべきなのである。凡人は見せびらかせ自慢するがそうではないらしい。とにかく重要美術品クラス発見の人物。この一点では奇人である。

井伏は「青柳瑞穂と骨董」と題し、なおも〈町の片隅に草深い田舎に「掘出し」をして歩き、文化財の発見に打込んだ逝ける友の情熱〉と付けたし、書き出しはつぎのように始められている。〈詩人であって、フランスの小説を翻訳し、美術評論家でもあり、粋人であって骨董好きの青柳瑞穂君が亡くなった。享年七十二歳である〉同文は井伏鱒二自選全集の第十巻にも収録されている。これによれば、昭和四七年二月の「文芸春秋」に発表されたことがわかった。

結城信一の小説「不吉の港」に青柳瑞穂との交流がみられる。(『結城信一全集』)

②

私は桑原武夫について関心がすでにあった。俳句は第二芸術だ、と敗戦二年目の秋にこの声をあげた。文学界、とくに俳句の世界で大騒ぎになった。五・七・五という字数ではこの近代社会が表現できない。宗派制度にも問題はある。この啓蒙思想は、『告白』の翻訳者として当然のことであった。一流大家の句も素人の句も区別のつかぬ俳句。桑原は〈四方を封建社会の鉄壁によってかこまれた中にあって、その鉄壁に孔一つあけることさえ思いもよらぬとき、心の自由を求めるならば風雅の隠者となるほかはない。そして変じうるものは遂に己れの心のみと悟り、そのさびしくしかも野望にもえた心を西行や杜甫をもって飾ろうとした。これが「夏鑪冬扇」ということであろうかと思われる〉

私は桑原が甲府で講演した時、そこへ参加した。小さな会場で前列のある若者が録音を始めたのを彼は鋭くとがめた、その記憶だけが鮮明に今もある。桑原を見たのはその時一度限りであった。

青柳瑞穂も桑原武夫も、どこか一点ルソーに通底しているなにかがあるかに思えてならない私である。単なる味なき学者である筈がない。

「ルソー追慕の記」補足

私がルソーについて考えるようになったのは、『孤独な散歩者の夢想』を読んでからである。その私はルソー没後二四〇年記念エッセイとして「ルソー追慕の記」を、二〇一八年、韮崎市郷土研究会誌第二一号に発表した。

私はルソーの生まれたスイスにも、また彼が活躍したフランスにもイタリアにも行ったことはない。ひたすら著書と地図を頼りに空想するだけである。しかも外国に詳しい地図でない帝国書院版を頼る他はないのである。

ルソーが老後（？）を静かに暮らそうとしたサンピエール島のある湖など、眼を皿のようにして探しても発見出来る訳がない。ジュネーヴ近くのレマン湖の東にあるスーシャテル湖のさらに東端に近い所にビエンヌ湖はあるらしいのである。

小さな湖のために、地図には出ていない。

この湖のまん中にピエール島がある。ここにルソーは一時住むことになった。

昨年のことである。NHKのBSがフランスの小さな街を選び放映していたのを見ていると、アヌシーが登場しているのではないか。

アヌシー。アヌシーはジュネーヴに近いのでスイス領だと私は勘違いしていた。スイスのジュネーヴは、あたかも盲腸のような形でフランス領に伸びている。突き出たその先に、アヌシーがあった。

アヌシーの川の水は豊かだった。湖もあった。古い橋もあった。地図で見ると有名なモンブラン山四八〇八メートルが眼前に見える筈である。観光の街である。小さな町のようには見えなかった。

前方から歩いて来る四〇歳代と思われる女性と三〇歳代と思われる二人連れの女性に、日本人のレポーターが質問していた。

「あの橋の名前をなぜ愛の橋というのですか」

先輩らしい女性は知らないと答えた。しかし、若い方の女性は、自信ありげに応じたのであった。

「ルソーとヴァランス夫人がこの橋の上でキスしたからです」

私は早速ルソーの『告白』を取り出して調べてみると、確かにアヌシーにルソーはいたのである。むろんヴァランス夫人と共にである。ルソーはイタリアのトリノの街から出て来てこのアヌシーにとどまった。何故？　ヴァランス夫人に出会ったからである。否、居候をするためであった。

ルソーはアヌシー時代のことをつぎのように表現しているのである。

〈一年近くアヌシーにいたけれど、わたしは少しも小言をいうようなことはなかった。皆がわたしに満足していた。トリノを出て以来、もうバカなことはやらない。ママン（ヴァランス夫人）の眼のとどくところではけっしてやらないのだ。ママンはわたしをみちびいてくれ、またいつもよくみちびいてくれた。このひとにたいする愛着が唯一の熱情であった。そして、それが狂った熱情でない証拠には、わたしの心情がわたしの理性を形成したことだ。もっとも、ただ一つの感情がいわばわたしのいっさいの能力を吸収してしまい、いくら勉強しても何一つ覚えられない、音楽にしてもそうだ、というのも事実であった〉

ルソーは冷静に冷静に筆をすすめているつもりであった筈だ。いくら告白にしても、年齢が年齢である。六六歳である。ところが、この文章のすぐ前には、つぎのような告白があるので驚くのである。そして、この文章の直後に、消したり書いたり苦労することも書いていた。告白だ。嘘は書けない。やっぱり正直に書かなければ、「告白」とはならない。ルソーはそう腹を決めて、書いてしまった。

〈最初の日から、一生このひとが変えようとした、ごくやさしい親愛さがわたしたちの間にできてしまった。「坊や」というのがわたしの呼び名、「ママン」（かあさん）というのがあのひとの名だ。これからずっとわたしたちは「坊や」と「ママン」で、とおした。ながい年月がたって、二人のあいだの身分の相違がまったく消されてしまってからもそうだった。この二つの名は、わたしたちの暮らし方、態度の隔てのなさ、とりわけ互いの心の結ばれ方をよくあらわしていると思う。夫人はわたしのためにもっとも優しい母、自分の喜びをもとめず、わたしのためばかり考えてくれた。そして、わたしの愛情の中に感覚的なものが入ってきたとしても、こういう愛情の性分はそのため変わりはしなかった。かえってその愛情がもっと微妙になり、快く愛撫することのできる若い美しいママンをもつ楽しさに酔うことができたのだ。わたしは愛撫する、と文字どおりにいう。あのひとは接吻にしろ、母らしい情のこもった愛撫にしろ、少しもわたしに惜しもうとしなかったけれど、わたしには、それを悪用しようといった考えは一度もうかばなかった。最後には少しちがった関係になったじゃないか、という人があるだろう。それは認める。しかし少し待っていただきたい。一度に何もかも話すわけにはゆかない〉

ヴァランス夫人からの具体的な表現はどこにもない。ルソーの一人芝居になっている。現実は夫人の若い燕になっているルソーであるが、ルソーはそのようには思っていない。書いてもいない。

坊やとママンなどという関係自体が正常とは考えられない。接吻にしろ情のこもった愛撫にしろルソーに惜しみなく与えられていた二人の生活は、アヌシーの街の噂になっていったのだろう。橋の上での長い接吻など、これ見よがしの態度ではなかったか。世間の眼など気にするほどの余地余裕もなかった。共に天にのぼった心地であった。この頃、ルソーはまだ決して有名人ではなかった。十七歳であった。地元の教会の聖歌隊長ル・メートルに音楽を学んでいたのも、アヌシー時代だった。ルソー夢中の青春時代がそこであった。ルソーは夫人のいうなりだった。アヌシーの神学校に通うのも夫人のすすめであった。

〈アヌシーでは酔ったような心地だった〉とはっきり書いている。そしてそのつぎの文章は〈ところがシャンベリーに来てからはもうそうではなかった〉と続けているのである。

何故そうなったのかをルソーははっきりと言わない。私は彼の敗け惜しみのように読むのである。該博な表現の前で、真実に読者は近づけない。

ルソーは廻りくどい文章を、くどくどと長長と書き綴っている。いったい何を言っているのか、解読に苦しむ。つまり晦渋《かいじゅう》だ。読みとばしてしまいたい。

ママンの前に、いや彼自身の前に一大事が発生したのである。このことが原因か。もう、ママンなんぞと子供ではあるまいにママ事のような若い燕であってはならない。精神的独立の自覚か。男としての性の正しい眼醒があったのである。

ああでもない、こうでもないというルソー独得の表現に辟易《へきえき》する。戒慎《かいしん》の感情の故であろうか。肝心のところを探し出すと、つぎの文章となるだろう。

〈このひとのそばでなければ幸福になれないこと。そばを離れるのはこのひとのことを一人で考えるためだったこと。わたしの心はこのひとの親切や愛らしい性格ばかりでなく、そのセックスや顔やからだ、一口にいって、自分にいとしく思われる美点をことごとくそなえたこのひとのことでいっぱいだったことである。わたしのほうが十か十二も年下だったとしても、彼女がもうふけていて、わたしにもそう見えたなどと考えないでほしい。初対面のときあんなにも甘美な気持をあじわって以来五、六年はたったが、彼女はじっさいほとんど変わっておらず、わたしの眼にはまったく変わったようにはみえなかった〉

これは言い訳のひとつであった。だから〈読者は、すでに不愉快になっていて、つぎのように考えるだろう。他の男のものになっていたような婦人は、共有といったことからわたしの眼にも品位が落ちて見え、軽蔑の感情が今までの愛情をさましたであろう、と。これは誤りだ〉

と、断っておかなければならない情況にあった。

なんという事だ。シャンベリーに住んでいた十九歳、二十歳、そして三十歳の時には、ルソーはヴァランス夫人の愛人となっていたのである。大人からの求愛に待っていたとばかりに応えたのである。彼はこのことは、はっきり言いたくない告白だった。『告白』（上）（岩波文庫）の第五巻ほどルソーらしくない表現が展開している巻は他にないと私は思った。ヴァランス夫人に裏切られたとは言わない。思いたくもない。しかし、夫人、ママンをルソーの愛が奇しくも弁解の立場から救っている。それほど深く愛しているのだという態度である。男の泣き言と思われたくない、ルソーの姿を私は見てしまうのである。泣き言でなければ、虚栄のまえおきの長口舌のようなものかも知れない。『告白』では、ルソーにとって誰よりも重要で大切なヴァランス夫人の生い立ちとか前夫の事とかはまったく書いてない。『告白』（下）には読者のために「ルソー行程図」が二葉収録されている。この地図があったので大変私は助かった。見るとリオンの近くと言った方がよいのか、トリノに近いと言った方がよいのか、ヴァランスという町名がこの図にある。この町の名前となにか関係があるのかどうか、無知な私は自然つまらぬ空想をするだけだ。夫がこの街の出身者であったのかも知れないなどとつい思ってしまうのである。世間の噂になった自分たち二人の関係を擁護するために、ソクラテスを持ち出すほどにルソーはヴァランスを庇うのである。淋しさ故にだ。

いやそうではない。二人の間のことならどうして世間の噂などに気をもむことがあろうか。

いったい一大事とは何か。思いもよらずクロード・アネという老成した男が、突然現れママンが彼を愛したからだ。シャンベリーの街でよからぬ噂が立ったに違いない。男女の三角関係はなにも珍しいことではない。だが、同居内三角関係でありながら、彼ら三人は波風立てぬのだ。事実だとしてもこんな事を信じる者はまずいないと私は思うのだが、ルソーは臆面もなくその事を書いている。欺瞞としか考えられない。若い君はどう思うかね。

〈われわれ三人のあいだに、おそらく地上にまたと例がないような交わりがはじまった。われわれの希望も心づかいも感情もみな共同であった。こうしたものの何ひとつとしてこの小さな圏の外にでなかった。いっしょに暮らし、他人とはなれて暮らす習慣がつのると、食事のときに三人の誰か一人欠けたり、またはよその人が加わったりするとすっかり調子が狂った。わたしたちそれぞれ特別の関係はありながら、二人さしむかいより三人あつまるほうが楽しい〉

こんなことが信じられるだろうか。ルソーはこんな例は天下にないだろうと承知しながら、こうした生活に堪えているのではなく、なんと楽しんでいると言うが、むろん敗け惜しみの弁明である。読者への欺瞞、いや自分自身への欺瞞ではないかと私は読むのである。

相手の老クロード・アネという男は一年後に死亡していたが、シャンベリーの町での思い出はルソーにとってよくないに違いないのだ。

ルソーが就職したのは土地測量所だった。

好きな音楽を学びつつ、一方音楽教師として働いてもいた。こうしたさなか、あのクロード・アネという先輩の男がやって来たのである。ルソー二一歳の時である。彼は翌年死亡したので、ルソーは安堵した。二四歳の年ルソーは再びヴァランス夫人との生活で今度こそ人生最大最高の幸福の日常を得るのであった。二人は人里離れたシャルメットの谷間に居を移し、一七三二年から、ここに住んだ。

しかし長くは続くものではなかった。

ルソーは奮起した。こんな甘い生活から脱出し、自発的な学問をしなければならなぬと考えた。音楽が自己流のように、学問もまたルソーの流義であった。科学実験は失敗し、その時眼を痛めた。遺産問題で母と兄に会うためジュネーヴに行き、その時街の内乱を見み、無秩序の暴力に強い衝撃をうける。遺書を書いたのもこの時である。死を考えたからである。体調がすぐれず療養を考え、シャンベリーを発つのである。

旅の途中、ラルナージュ夫人との官能的な恋をも体験する情熱家のルソーだった。

問題はまたヴァランス夫人の方にも起きた。ルソー不在中、ヴィンツェンリードなる男が彼女の二度目の愛人となったからだ。

コルセイユ近くのモンペリエに向かったルソーはしばらくそこに滞在したが、一端シャンベリーに帰ってからは、もうひたすら読書と独学に明け暮れるのである。二七歳になっていた。

一七四〇年、リヨンに行きマブリ家の二人の子女の家庭教師をつとめる。二八歳。ここでの生活は、パリへ出て独立できるための幸運に恵まれたとも言える。マブリ氏の力とその援助があったからである。世間に顔の広いマブリ氏はルソーの恩人だった。ルソーが二九歳の時、氏の家庭教師を辞め、パリを目指す。マブリ氏は何人ものパリの知人の紹介状を用意してくれた。

パリでとにかく目標としていたアカデミーで、ルソーは「新しい音符に関する試案」が発表出来たのである。これが学界への第一歩である。この審査委員たちは学者であっても、「わたしの案を審査できるくらい音楽の知識をもってる人は一人もいなかった」とルソーは鼻意気が荒かった。

この縁でパリの文学界の著名人たちとも知り合う足掛りを得た。ルソーは音楽革命を起し、そのことで有名になりたい一心だと書いている。

ルソーは二度も裏切れたヴァランスとはもう縁を切って、一人立ちしなければと決意した。彼女との邂逅《かいこう》があったからこそ、ルソーは今日まで有意義な生活が可能であった。彼を育成指導したのは夫人であった。このヴァランスに巡り合っていなければ、かくも偉大な思想家になり得たかどうか、と思わせるほどに夫人の力は大きかった。そこに彼女のつきせぬ魅力が溢れていた。ヴァランスが天才ルソーを生んだのである。当のルソーもそうした彼女の力を承知している。彼女を失望させないようにルソーが生きたその配慮は、切ないほどである。老後になってもヴァランスについて悪口を言わないルソーであった。とにかく、夫人に対し、ママンに対し首ったけであった。ルソーは、地上にあるすべての言葉を使って、ヴァランスを賛めちぎっているのである。

ルソーは三〇歳の時病気になった。ルソーはヴァランスから別れ、パリに旅立った。もう彼女とは会うまいと心に決めた。

そしてパリであの「新しい音符に関する試案」をアカデミーで発表したのである。名誉なことであった。本人は意気軒昂の口ぶりであったが、本当は不評だった。しかしルソーは強い。

『現代音楽論』を世に問うほどの意欲があった。生活は相変わらず不安定だった。パリで秘書などの仕事で日日を過ごしていた。

本格的な仕事はまだなに一つしていないのに、彼の泊まっている宿の女中テレーズに心が動くルソーだった。女性を称える文章がまた始まる。

しかし珍しくもこの文章だけは、狡猾である。計算がある。しかし正直である。

〈最初は、ほんのなぐさみにするつもりだった。しかしそれ以上に深入りし、一人の伴侶をこしらえてしまったことに気づいた。このすぐれた娘と少し慣れ、また自分の境遇を少し反省してみて、ただ快楽ばかりを求めていたのに、それがわたしの幸福にも大いに役立ったことを感じた。消え去った野心のかわりに、心をみたしてくれる、なにかはげしい感情がわたしに必要だった。つまり、ママンのかわりがほしかったのだ〉

パリでルソーは、テレーズと結婚し、安心した。この安心がこのようなことになった。つまり三四歳で第一子、三六歳で第二子、三九歳で第三子、四、五と……。しかしその子どもたちを自分たちの手で育てなかった。我儘勝手である。自分の仕事を自由にするためであろうか、ルソーは鬼の父になった。妻のテレーズも母とならなかった。

三八歳になっていた。妻テレーズとその母を伴った家庭人ルソーは、いよいよ彼本来のテーマに取り込んだ。『学問・芸術論』が当選したのである。ルソーは一躍パリで有名人になった。四年後に『人間不平等起源論』を二度目の懸賞論文として執筆するのである。この前の年、一七五二年、ルソーの『村の占者』がフォンテイヌブロー宮殿で上演されたのである。これは大成功だった。この時ルソーに、ルイ一五世国王との謁見が許されたが、彼はこれを蹴った。早くから政治制度に関心があり、パリでの驕慢な上流社交界を見るに至ったルソーは、片や奴隷同様の農民など放浪生活からよく知っていたので、王との謁見に強い抵抗があった。年金をふいにしてもの態度であった。だからつぎの年あの『人間不平等起源論』を書いたのである。書けたのである。これはむろんその主題からして落選した。しかし、ルソーはこれをその年のうちに世に出した。思想家の誕生であったのだ。

この本をまず一番、誰に読んで貰いたいのか。いうまでもない作家ヴォルテールである。ルソーは若い頃からヴォルテールを意識していた。

〈ヴォルテールの書くものなら何一つ見のがさなかった。そういうものを読んでえた興味から、わたしは自分も美しい文章を書き、こんなにもわたしを魅惑する作家のきらびやかな文体を真似たいものだと思った。しばらくたって、『哲学書簡』が出版された。これはたしかにこの人の最上の著作ではなかろうが、わたしをいちばん勉学にひきつけたのはこの本であり、こうして生まれた勉学心はこのとき以来けっして消え失せなかった〉

無名の青年ルソーのライバルは、すでにこのように早くに決っていた。

ヴォルテールはパリ生まれで、正式の学校教育をうけている。独学のルソーとは雲泥の違いである。彼は摂政誹謗《ひぼう》の詩を二三歳の時書いて、投獄されるような体験をしている。またある貴族と争いでまた投獄される。自由主義に生きた。信仰の自由からキリスト教とその教会を憎悪し、珍しくも東洋は中国の孔子の仁徳をその思想とするようになった、哲学者でもあった。

ヴォルテールとの交流が始まった。ルソーは彼と対等となった。交流中に、ルソーはヴォルテールのキリスト教批判と憎悪の思想を知って対立するようになってしまったのだ。ルソーはまた一年先輩の哲学者ディドロを知ったのは、アカデミーでルソーが例の論文を発表した頃であった。フランス生まれのディドロはもう有名な哲学者だった。ヴォルテールに似て、反キリスト教的思想の著作が、政府の手で焚書《ふんしょ》にされることもあった。「盲目者に関する書論」を発表したために一年間投獄の目に合った。『百科事典』の編集をなんと二〇年間もした。そして苦闘のすえ完成させたのは、彼の一大成果であった。こうした人物たちとルソーは交流していたのである。

しかしルソーは教会やその神父たちとの関わりの中で育ってきたので、思想的には彼らと相い入れない壁があった。だが彼ら同様王制下の世俗に抵抗する精神は、彼らと共通していたのである。

ルソーは『エミール』で彼の理想的な教育論を物語風に展開した。自分の子供をまったく養育しないルソーの教育思想は、型破りである。教育の根源は自然だと設定した。自然は生命であると説明する。人間（少年）エミールは自然が定めた掟によって成長されるので、教育を受けたのではないのである。少年はこの天の法則によって青年になり、そしてやがて一人前の人間となる。独学者ならではの論理。自分自身の人生から触発された思想である。

神なる自然の定め、というのは、脱キリストになっていないか。大きな誤解を生むことになろう。独学者のルソーには、自然が教育の根底にあったのであろう。ルソーの思想は早くも誤解され危険視されてくる。一七六二年五月二七日、暗黙の承認のもと『エミール』はオランダとパリで発表されると、官憲が七月にこれを押収した。ルソーはソルボンヌ神学部から告発される。そして高等法院で有罪の論告を受ける。ついに逮捕令がでる。

〈二つの逮捕状は、未曽有のはげしさをもって全ヨーロッパにわたってまきおこった、わたしにたいする呪いの叫びの合図となった。ありとあらゆる新聞、雑誌、パンフレットが世にもおそろしげな警鐘を鳴りひびかせた！　ことにフランス人、不幸な人人にたいしてはたしなみぶかく親切にすることをあれほど誇りにしている、あの柔和で上品で寛大な国民が、突然ご自慢の美徳を忘れはて、あらそってわたしに浴びせかけた侮辱の多さとはげしさとで異彩をはなったのである。わたしは不信心もの、無神信者、気ちがい、過激派、猛獣、オオカミだった〉

思わぬ大きな反響だった。

ルソーは逃亡する。『エミール』はパリで焚書される。『社会契約論』も共に焼かれる。また逮捕令である。プロシア王フリードリヒ二世に領内での隠退生活の許可を求め、許される。そんな時恩人、恋人、愛人だったヴァランスは、シャンベリーの街の住居で一人淋しく亡くなっていた。

こうした時にも出版社や書店は、ルソーに自伝を書くように執拗だった。逃亡から二年目、やっと自伝を書く気になった。それが『告白』だったのである。ルソーは死ぬまでそれを書き続けた。

『告白』の第一部の出版は死後四年目の一七八二年、第二部は一七八八年のことであった。

第三部は絶筆となった訳である。つまりルソー六六歳のことであった。「柔和で上品で寛大な国民」が手の平を変えてルソーの攻撃者となった。しかし、ルソーの思想の自由とか解放を理解するのもまたフランス国民であった。民主主義というものである。ルソー復活、ルソーの思想に火がついたのである。

君、フランス革命は何年だったか、知っているか。忘れたなら調べてみたまえ。ルソー没後の何年目かをね。

世界史に残る偉大な思想家ルソーという男についてもっと調べてみると面白いよ。生前中は理解されない男だったな。女に理解されようとあの手この手の表現は見事というより他はない。放浪癖もあり、なんとなく落ちついていない。就職も長続きしない。食客にはなれている。

神経が細かいようでいて、図太い行動に見える。青春時代の勉強は、そうした生活そのものが実学であり、それが力量となっていたのを知る。見聞はすべて、今風に言えば知見である。一七六〇年に諷刺劇「哲学者たち」を上演している。この年『エミール』を脱稿している。もう自信があった。恐れる者はいない度胸ではないか。ヴォルテールにもディドロにも、ルソーはもう敗けてはいないのだ。

ディドロとも論争した。そして和解もした。

学者バカの十二歳後輩の哲学者カントは素直に言った。〈私は何事を知らぬ賤民を軽蔑していたのである。ルソーがその私を送迎してくれた。かかる特権は消滅する。すなわち、私は人間を尊敬することを学ぶ〉と。苦労人のルソーの思想にカントは開眼したのである。カントは人間の問題を権利の問題として考えた。つまり人権の問題である訳だ。人間の人間たる資格は、その人の権利の問題として考えることである。

これがカントの哲学である。人間学である。

ルソーから足元を学んだカント哲学の重要な一分野だと私は思っているのである。

さてＮＨＫの「世界ふれあい街歩き」のさいは、地図帳を開くことにしている私。外国旅行をしない私は、この番組が私の旅行の代行をしてくれるのである。楽しい有意義な見逃してはならない番組である。この番組に登場するのは全世界であるにせよ、私の関心の高いのは、イタリア、フランス、ドイツであった。

同じイタリアでも北部の教会に私の興味はあった。シチリア島の西端港の都市トラパニの街でさえ二五〇〇年前の建造物などと解説されると、ついついそれは真実か、と私は疑ってしまうのである。

北部イタリアの教会を放映したものには、地図帳に丸印をつけて置く。つぎが歩いた街。トリノ、ミラン、ピアチェンツァ、ベルガモ、ヴェネツィア、フェラーラ等。私が見逃した街も他にある筈だ。ＢＳ日テレでは、「イタリアの小さな村」を紹介している。こちらも私は熱心に見ている。見終るとイタリア国全体がすべて世界遺産だと思ってしまう。これが正直な感想である。日本の世界遺産の小さい事、少ない事。

ルソーがパリを最初見た時の印象を知った時、私はすぐルソーの言葉に同調できた。なぜか。トリノに対してのパリだったからである。

〈パリに着いて、どんなに予想を裏切られたことだろう！　トリノで見たあの外観の装飾、市街の美しさ、家並の均整や正しい配列から考えて、パリではさらにそれ以上のものを期待していた。壮麗な街路と大理石や黄金の宮殿ばかりがある、堂堂とした外観をもった、大きいと同時に美しい教会を心に描いていたのだ〉が、トリノの前ではパリは田舎……。

フランスとの国境のモンスコ峠を超えればイタリアである。超えた所に、古都トリノの街がある。ルソーに縁のある古都である。サヴィア王宮のある街である。故郷スイスを離れ、隣りのイタリアのトリノへルソーは向かった。十六歳の時である。トリノの修道院でまさに修学するつもりになったからだ。この世話をしたのが実は誰であろうアヌシーのヴァランス夫人だったのである。

ルソーはこのトリノでカトリック教に改宗し洗礼も受けているのだ。修道院では二ヵ月だけで、そこを出て店員をしたり、召使いをしたり、秘書をしたりの多忙の生活に明け暮れた。グーヴォン司祭の秘書を解雇され、一七二九年の六月、ルソーはトリノを去るのである。去って行く所は一途アヌシーのあのヴァランス夫人の下でしかなかった。

家を離れきびしい他人の世話で生活したトリノの街を、ルソーは忘れることはない。懐かしい街である。古い歴史のある街である。ルソーが知っているスイスの街とはまったく違っていた。近くのミラノにはグラツィエ教会があり、東のフェラーラにはルネサンス当時の街並が今も残って美しい。NHKはそれらのことを放映していた。

十六歳のルソーが生活したトリノ一年余りの美の印象は、私が再び故郷には帰ってこられぬ覚悟であった私の十四歳の古都奈良海軍航空隊での三ヵ月の美と重なっていた。

奈良の街並とか神社仏閣とか、また周囲の山や盆地とか、老いた今でも忘れていない風景である。

大思想家のルソーも、このトリノへの旅立ちは並の少年と寸分違っていない。大きな教会を見る楽しみと、一人前の身分になれるという期待で、トリノへ早く着くのは惜しいとまで言っている。戦後集団就職で上京した心ある少年少女たちとあまり変わっていないと私は思うのだった。

青春時代のトリノの生活やその後のアヌシーやシャンベリーでの生活及び、他全体を背景にして今日があるのだ、とルソーが概括した文章を私は『孤独な散歩者の夢想』の中に捜し出した。青柳瑞穂訳である。

〈良風と敬神がおもんじられている家庭に優しく育てられた僕は、いとけない頃から、様様の教訓や格言の類を授けられたのだった。他の人達なら僻説だと言いそうなものばかりだったが、それでも僕の一生を通じて何かと役立たないことはなかった。まだごく幼くして、自分自身に没頭したり、人の愛撫がほしかったり、虚栄心にかられたり、大望にかられたり、窮乏においつめられたりして、僕はカトリックになったことになったが、しかし常にキリスト教徒だった。

やがて程なく、習慣にまけて、この新宗教に本心から帰依するようになった。そこえもって来て、ヴァランス夫人の教訓や鑑戒《かんかい》が、僕の帰依をいよいよ鞏固《きょうこ》ならしめたのである。青春の盛りを過ごした田舎の閑寂《かんじゃく》な生活や、全身うち込んで没頭した良書の勉学のため、さなきだに愛情深く生まれついた僕の天性は、彼女のそばにあって、いよいよ育成されたのだった〉

ルソー死亡二年前にこの『孤独の散歩者の夢想』は書かれた。絶筆である。しかも出版は死後。パリ北方三〇キロのエルムノンビルで彼は死んだ。彼はパリでも生地スイスのジュネーヴでもまったく評価されなかった。罪人扱いであったが、今は生地ジュネーヴ市に立派な記念像が建てられている。また二人の愛の巣であったシャンベリー近くのシャルメット渓谷の家は、ルソーの博物館になっている。大切に保存されているというのである。

私は一九六五（昭和四〇）年一〇月一〇日の朝日新聞をルソーの本の間に折って差し込んでいた。取り出して見ると大きなカラー写真のアヌシーの街があった。動画のテレビはすぐ消えたが……。堀のような川の両側に三層、四層の美しい古い建物が並んでいる。

そして中央に橋が見える。ああ、これがアヌシーの町民が名付けた「愛の橋」であろうかと、私は勝手に想像したのである。川には白鳥が五羽泳いでいる。この街はアルプス山中のフランスでは有名な避暑地。二人はそこから近くのシャンベリーの町へ転居する。シャンベリーの町はフランスのリオンとイタリアのトリノの中間にあったため、街の家並みはみな石造り。防衛の町。中世における戦略上の要地。暗い部屋の中でルソーは、得意な瞑想に耽っていたとも考えられる。二人が部屋を「牢獄」と呼んでいたのは、多分二人のユーモアかと、私は理解したい。

ルソーは四十歳の時、ルイ十五世の謁見を断った。光栄ある筈の話である。しかしルソーはもう現実の社会制度、貴族主義に真向から反対だったのである。王の謁見を断るなどということは失礼である。誰にも出来ないことである。

ルソーは人間不平等論だけでは済まない。さらに一歩前にと考えた。それは『社会契約論』を書くことだった。体調はよくない。死後の妻のことも考えながらの覚悟の仕事と決意していたのである。


私のルソー追慕には限りはない。巨大な人物なので、私は彼の周囲をぐるぐる巡っているに過ぎない。君はこんな私に満足しないだろうから、せめてルソーの『社会契約論』の肝心なところだけ書いて、参考にしようか。

しかし君はこれを読んで多分驚かないに違いない。今日現在の事柄と違っていないからだ。

一七五〇、六〇年代のことだ。

当時、ルソーのこうした考えは、危険極まりないものであった。

ルソーは国家の主権について説く。立法権は国家の心臓だ。執行権は国家の頭脳だ。

つまり国家は法律によって存続しているのでなく、立法権によって存続しているのだ。

この考えの上に立って、政府を設立する。市民は社会契約によりすべて平等であり、主権者が政府を設立した以上、統治者に代行を要求する権利がある、というのだ。これは議会政治のことである。民主政治のことのことである。

大きな前提がある。国家唯一の契約があるのだ。それは結合の契約である。国家が分裂することはない。してはならない。この結合の契約以外のものは当然排除されるのである。

ルソーは政府設立に関する明晰な考えを、つぎのように述べている。

〈いかなる思想によって、政府を設立する行為を考えるべきだろうか？　わたしはまずこの行為は複合的であって、他の二つの行為からなることに注意しよう。すなわち法の制定と法の執行である。第一の行為によって、主権者はかくかくの形態の下に政府という国体が設けられるべきことをきめる。この行為が法であることは明らかだ。第二の行為によって、人民は設立された政府を委ねるべき首長たちを任命する。ところでこの任命は、個別的行為であるから、第二の法ではなくて単に第一の法のつづきであり、政府の一つの機能である〉

続けて説く。ルソーは力をこめている。

〈理解するのに困難なことは、政府が存在する前に、どうして政府の行為がありうるか、また主権者かもしくは臣民であるにすぎない人民が、どうしてある事情の下では統治者または行政官になりうるか、という点である。

またここで、一見矛盾している働きを調和する政治体の、驚くべき性質の一つが明らかとなる。というのは、この性質は、主権の民主政へのすみやかな転換から生まれる。したがって、市民目だった変化は全然なしに、ただ万人の万人にたいする一つの新しい関係のみによって、市民は、行政官になり、一般的行為から個別的行為へ、法からその執行へ、と移るのである〉

刺激しない配慮であろう、先例であるイギリスの例を述べ補足している。しかし、ルソーはフランスを相手にしているのである。自分はスイス人であるのに、フランス国民のつもりのルソーである。

貴族政治は統治者が統治者を選ぶ。政府は政府自身によって保持される。市民とか人民とかは蚊帳の外である。彼らに人権はあるのか。ある筈はない。フランスにあって、ルソーのこうした思想は、貴族社会にとってはまさしく危険な爆弾であった。

ルソーのこうした人間解放の思想は、決して珍しいことではない。この考えは人間の本質的にもとづくものであって、言えば人間は人間らしく生きよ、という彼の教育思想でもあり、倫理でもある。封建的な社会を是認しているさ中であったればこそ、社会批判はかくも注目されまた危険の的ともなった。

人間の心に本来悪はない。悪は人間がつくるものである。国家社会の下の人間に悪がいかにして生まれるのか。人間がいかにして歪んだ存在となるか。この悪の排除、解消をルソーは教育力に求めている。そして人間らしく生きる、生きようとするのは人間の第一の義務であるとルソーは強調しているのである。

そこでのちに小説『如何なるや人倫』という私の作品の構想が生まれたのは、ルソーが逝って今年で何年になるのか。もうルソーのことより自分のことを思うようになった。老齢のせいだ。

荻原井泉水の本によると、大学同期の友人尾崎放哉が、乞食と話をしていることが書いてある。乞食は「何といっても明治のころは好かったね。人間に心持が正直だったよ。大正になった、人間がこすっからくなった。朝鮮や満洲をおれたちが血や汗を流して手に入れというが、今日の日本人はしぼるとるばかりやっている。それで日本が今のように大きくなったとしても先の先のことが案じられる」と。乞食の予言通り昭和に入ってご存知日本はさらに何という悪業をしでかしたか。そして国の主権を失った。首都東京の空に米軍用機の勝手な飛行。文句一つ言えない政府。それどころか地位協定を承知で同盟を強固にするというのだから狂気の沙汰。

戦友たちも消え去った。あの放哉は若くして閑居孤独の身。

淋しいぞひとり五本の指をみる。

当方は見るばかりではない。指の関節が痛い。腰も痛い。歩く足が正常になっていないのだ。

妙心寺の高僧山田無文が放哉の三三回忌に

嗜酒優游造化中
愛詩自適一家風
去来流転是非外
三十三年徹大空

と謳った。無文にも共鳴するところがむろんあった筈だ。嗚呼……。

（二〇二一・五・九）

Ⅳ　恣意的な差別の論理——超えるために求められるのは主体的人間

1　差別を超えた陰徳

私には自慢するようなものがない。多くの人たちは人生にあって、何をもって自慢としているのか、よくわからない。

あなたの財産は何か、と聞かれたらその時は自慢するほどでもないが、ながい間厄介になった書庫の書籍だと応えることでしかない。

銀行には縁はなくても、古本屋には縁がある。死んだ後には自称三一館の書籍が私のつたない姿となって存在する筈である。

ところが現在、小中高の学校の統廃合で、学校図書館の本が消滅しているという。先輩の愛書家のその本を貰い手がなく、捨て去る他はないと聞く。

私の財産たる書籍も、このいやな風潮の下では、他事ではない。運命は烏有《うゆう》に帰するやも知れぬのだ。

〈金ヲ積ンデ以テ子孫ニ遺スモ子孫未ダ必ズシモ能ク守ラズ。書ヲ積ンデ以テ子孫ニ遺スモ

子孫未ダ必ズシモ能ク読マズ。如カズ、陰徳ヲ冥冥ノウチニ積ンデ、以テ子孫長久ノ計リゴトト為スニ〉

「冥冥ノウチ」の意は人の知らないうちにとか、人に気付かれぬような生き方としての徳。この言葉は司馬光の家訓だという。別名司馬温ともほかの所にあり、正しい名前も私は知らない。

考えてみると、陰徳というものは聖人君子のみに備わっているものかもしれない。陰徳は望むべくしての目標ではない。それだけに凡人に、余人には無縁である。無縁であるが、これを尊ぶという人物はいる。

黒沢丈夫という男である。

私はその黒沢丈夫に扁額のために、揮毫を求めた。

「尊陰徳」と黒沢丈夫が書いた。私は早速扁額に装丁し、これを部屋に飾った。しかし家人には黒沢丈夫が如何なる男か分からぬ故に、額の余白につぎのように、悪筆を綴った。

〈群馬県上野村　村長連続十期、時に我が求めに応じ揮毫す。貴台海軍兵学校六三期　戦闘第六〇二飛行隊長時任海軍少佐。文武に通じ武士道に生き稀有な大人。畏敬の余り付記し後継の参考に資す〉

彼との会話で一番記憶に鮮明なのは、彼が海軍兵学校の学生当時、若い僧に言われた一言で、オレは参ったという話である。

「君は兵学校の生徒で、選ばれて国家の防衛の第一線に立つというが、その愛国心はニセものだ。国家から貰った服を着て、国家の金で飯を食らい、小遣いまで貰っている。拙僧はすべて自分で、自分の力で生きている。

食べる飯も、着る物も自力で求めている。すべて修行である。乞食の精神で生きている。

「兵学校の教育に安んじてはなりません。人間、徳がなければなりません。現在の軍人たちにそれがあるだろうか」

話はまだあったが、黒沢丈夫は、この僧には参った、と言って笑った。

ＮＨＫの「こころの時代」で話したこともある。

上野村の御巣鷹山の尾根に旅客機が落ちた。この大惨事の時、戦後全国村長会会長を務めた男、戦中特攻隊を指揮した男がどんな救済活動をしたか、その手腕はさすが見上げたものであった。

予科練雄飛会での講演会講師を依頼した時、上野村の村長室で、海兵卒の海軍少佐と予科練卒の上等飛行兵はあたかも同等の如く話ははずんだが、初対面の挨拶なのに、二人はながく立ち続けて話していたので、茶を用意した用務員の女性に促されてはじめて椅子に座ったことも覚えている。

私はイントク、イントクと独言《ひとりごと》をいう。

私は山田無文なる高僧による『碧巌物語』を読んだ。

僧、趙州は師の南泉に尋ねた。以下は無文による解説である。

〈「如何なるか是れ道」と。南泉は直ちに答えた。「平常心是れ道」あたりまえの心が道だよ〉と。

ところであたりまえの心とはどんな心であろうか。なにが人間のあたりまえの心であろうか。先生に登山ナイフを突きつけるような中学生も、本人に言わせれば「僕のいつわらざるあたりまえの心だ」というであろう。なにがあたりまえであるか心の扉が開かなければ、銀山鉄壁である。「そのあたりまえの心は、どこで手に入れますか」と趙州が反問したら、「手に入れようなどと思ったら、もうあたりまえじゃないぞ」と、南泉が答えた。「でも手に入れようと努力しなければ、いつまでたっても、その当たり前が分からんじゃありませんか」と更に突っ込んで尋ねると、南泉はおもむろに答えた。いつもの南泉とちがう親切な言葉で諄諄と言って聞かされた。

〈「道徳というものは、わかったと言ってもいけないし、わからんと言ってもいけない。わかったと言えば、それは道徳の知識に過ぎない。わからんと言えば無自覚だ。知識も無自覚も、どちらも道徳にはならん。ただ天真爛漫、赤子のような無心な境地になるならば、あるいは青天白日、秋晴れのような爽やかな心境になるならば、生まれたままの美しい純粋な人間性が自ずからそこに流露してくる。そこには良いとか悪いとか批判する余地はない。それが人間のあたりまえの心で、道徳というものだ」〉

黒沢丈夫に話した僧のその話の内容は、この無文の解説、南泉の法話にどこかで合致するものだと思う。

黒沢は戦前上野村の唯一人の英雄だった。群馬県のチベットと言われていた上野村から天下の兵学校に進める人物などかつていなかった。しかし敗戦。評価逆転、黒沢に対して悪罵あるのみ。生きて還ること自体、特攻隊長としてよくないのだった。黒沢は耐えた。黙黙として、いち農夫として、悪評に耐え忍んだ。男だ。山村故に早速椎茸栽培に着目、最初の年は県下一位、つぎの年には全国一位の良質栽培の成果が村民の評価を変えた。英雄の復活であった。村長になった。脱チベットの村政をしてほしいの声。黒沢丈夫は数数の声に応え、実践し、効果を数数挙げた。

たとえば、当時突飛とも思われた中学生の修学旅行は国外へ、観光事業の研修として婦人たちはスイスへ研修旅行という具合である。健康問題、人材育成、道路整備などなど黒沢は正に特攻精神で十期四〇年間村政に取り組んだ。

陰徳は……。黒沢の場合は「冥々ノウチニ積ンデ」いないかも知れない。しかし、と私は言葉に詰まるのである。

「尊陰徳」の扁額を眺めながら私は生きている。黒沢丈夫を思いながら朝晩その部屋で寝起きしている。

私はこの黒沢少佐の復活の話から連想することがある。あの真珠湾奇襲攻撃は成功した。その作戦の最高責任者は山本五十六連合艦隊司令長官である。幕僚の一人が、郷里の長岡では市民が祝賀の大提灯行列をやったそうですね、と輩下としての挨拶をすると、山本五十六は、「そのうちにオレの家に石を投げるようになる」と憮然とただひと言。冷静そのもの。心は悲劇の主人公であった。この大戦の結果を、この開戦にしてよくよく知り抜いていたのである。

彼は戦死した。たった一人彼だけが幸運にも国葬の扱いを受けた。もしも生還したら、悪罵の大雨を浴びたことであろう。あの黒沢丈夫のように。

山本五十六には陰徳があったと思う。黒沢丈夫にもまた陰徳があった人物ではないかと私は今にして思う。歳を重ねると、そのことを確信するようになるから不思議である。共に上に交りて諂《へつら》わず下に交りて驕《おご》らずの海軍の将校であった。

2　差別の百面相

文学の世界のことではさほど驚かない私でも美術界のことでは驚く。福住廉という美術評論家の論文である。「図書新聞」(二〇二一・一・九)に「純然たる表現という原理」は新聞にしては長文なので、私が驚いた所だけまず引用する。

共同制作といえば、タノタイガは沖縄の性風俗産業に従事する女性たちとコラボレーションの成果を発表した（「15min ポートレート 2008-2020」、ギャラリーターンアラウンド）。既定の料金を払い、わずか15分の時間を買ったタノは、それぞれの仕事部屋で彼女たちの衣装を着用し、ベッドの上でポーズを取る。その姿を彼女たちがタノのカメラで撮影するのである。したがって展示されているのは、いずれもタノのポートレート。なかには入念にメイクが施されたものもある。来場者は暗い展示室に展示されたそれらとタノによる短いテキストを、ペンライトで照らしながら鑑賞する。まるで買春する男たちの身ぶりをシュミレートさせられているかのようだ。

この展覧会は現代美術の方法論の転倒である、と論者はいう。ジェンダーアートのこの方法で彼女たちの労働を解放したことにはならないが、「不可視の差別を温存する社会ではこの展覧会の意味は小さくない」の評価である。

このような「ダークアンデパンダン」は、一部の特権層に向けた離脱宣言であるのだそうだ。資本家側に対する労働者のストライキのようなものか、よく分からない。

分からないことはまだある。福住廉は〈「ダークアンデパンダン」が地下に潜ったとすれば、地上を這いつくばっていたのが遠藤一郎である。「ほふく前進お百度参り」は、遠藤が埼玉県大宮市の氷川神社の参道をほふく前進で百回お参りした行為芸術。

「本殿から遠く離れた一の鳥居から本殿近くの三の鳥居まで約二キロ。つまり遠藤は二〇〇キロ近くをほふく前進で歩んだ」ことになる。しかもウイルスが着地している路上を、である。文字通り前人未到の偉業だが、このアクションが優れていたのは、それが前述した表現の原理論をまさしく体現していたからである。

この高い評価をなんとみる。正直、私には理解できない。遠藤一郎が路上をほふくしている大きな写真までであり、写真が評論の補完を示している。効果は言うまでもない。

表現の原理論というのは、「社会が貧しければ貧しいほど、それは同時代的リアリティを色濃く表現する」との思想の由。

私は生きていたなら前衛的な美術評論家でもあった針生一郎に聞いてみたい思いであった。遠藤一郎の衆人の視線を浴びてのこの行動は、「行為芸術」で、前人未到の偉業だという。これを暗かろうが明るかろうが美術展というのか、私はただ驚くのである。

不可視の差別を温存する社会への抵抗が、こんな方法で解決できるものではない。むろん解決を信じてはいないだろう。抵抗そのものに意義を見出し、行動に出たに違いないだろうが。かつて現代美術の先頭に立っていた針生一郎にしても、このような理屈に一も二もなく賛成するとは思えない。ほふく前進のどこに「美」があるか。売春宿の店頭風景のどこに美があるのか。

私は教育航空隊でほふくなるこの体験がある。陸戦隊の教育としてほふくを学んだ。しかし、これを班長は罰則に応用として、全班員四〇名に命令することがあるからたまらない。兵舎一周。他の班員や他の分隊の連中がみな見ている。連帯責任の業は、この行為には班長より、同期同輩を裏切ってはならない信頼の重圧があるので、苦しいのだ。

ほふくに美があるのか。ない。匍匐《ほふく》とは腹ばいで蛇のように前へ進むことである。晴天ならいい。雨天なら目も当てられない。性風俗女性とコラボレーションの演技云云が、これも美術展という。福住廉の論評には同意できない。私にはできない奇天烈な評価である。

問題は「美」ではなく「美術」界内の差別闘争ということのようである。

「美」の問題ならまだこの程度であるが、肝心の「人間」の問題になると、さらに私には判別しにくい難問となってくる。

人間は男と女からなる。男と女があって人間の歴史が存在している。ところが、男男、女女の結婚是非論争が現在ある。同性婚の内容、その理由はなにか。同性が愛し合い、利益も負担も義務も共有する日常生活の展開のことである。

同性婚に反対する理由は歴史が示す通りで問題はない。ないのではなくあるのが現実である。結婚は男女の結合体で、性行為、出産、さらに子育ての責任が求められ、これを家族制度としてきた。このことはながい公認の世界共通の人類の歴史である。日本の憲法は男女の両性しか結婚を認めていない。

同性婚には子育てはない。婚姻者たちの今現在の「気持ち」の上にのみ存在する。しかしこれを認めない訳はない。人権尊重の問題であるからだ。

現実社会は古今東西不平等としての差別の話題ばかりである。人間社会の運命とでもいうべきかも知れない。理解され難いややこしいのは、いち個体内の男女の両性存在とその性転換のトランスジェンダー問題である。ここへの差別は、無知から生ずる。同情と沈黙が差別になる。なお障害者への差別などはむろん許し難い身近な問題でこうした差別は言語道断、沙汰の限りと言わざるを得ない。

男と女は区別であって、差別ではない。個人の能力差はどう理解すべきであるか。男女間になると区別ではなく差別を生むことも大いにある。男女差別という現実と言葉が、体にまき付いて離れない。士農工商は消えた。醜業差別も消えた。

しかし差別は限りなく存在する。差別への挑戦とか決別とかが社会進歩になっている。しかし、人間社会である限り、これが全面的に消え去っていくものではないのが実情である。

神神にも仏たちにも格差があるように、人間社会にもなお差別だらけである。格差は必要悪である。公務員に差がなければ、国家は成りたたない。軍隊や警察にきびしい階級差別を認めているので、正しく統制が執行されるのだ。地震、雷、火事は怖い、親爺は消失した。家庭内の仕事の民主的分業、無理のない夫婦話し合いの実が結んだ。

だが職場はきびしい。上下の差がある。労働の量とか、労働の質からの差である。権力にも上下の差がある。資本主義の暴走で、社会の貧富の格差が余りにもひどい今世紀である。この暴走は、今や地球を食いつぶしても省みようとはしない資本の暴力である。資本主義そのものに無視できない問題がある。マルクスの思想がやっと再び話題になってきた。なってはきたが、共産体制を指導するのは人間である。そこには専制権力の発生が必ずある。どちらに転んでも人間社会に完全なものはない。

より平等に、より自由に、と考えて生きる時、より不満の場合、ベストを求め私たちは立ちあがって戦う覚悟がつねに大事になる。

3　主権思想の喪失

ここに、二〇〇〇年一月号の雑誌「群像」がある。「資本、国家、論理」について、大西巨人と柄谷行人の対談に注目しなければならなくなった。哲学者の柄谷はいう。

十九世紀末と今の時代を比較した場合、恐らくもうレーニン主義的なものが優位に立つことはないと思います。しかし、社会民主主義はいまどこでも支配的です。おそらく、これは国家主義、戦争支持にまわるだろう。それはすでに明らかです。たとえば、ヨーロッパのコソボ空爆も、社会民主主義者が積極的に支持しました。僕は、このようなものに未来はないと思うのです。社会民主主義は、ソフトな国家主義です。それに対して、いわゆる共産主義はハードな国家主義である。しかし、この二つしかないのだろうか。そうすると、一八八〇年以降消されていったものとして、マルクスのいう、「可能なるコミュニズム」を見出すことができると思うのです。僕が今考えているのはそれです。これ以外は、いかに民主的なプロセスを経ようと、必ず国家主義に行き着くと思うんですよ。

形而上学としての柄谷の思想は、甘いと私は思う。「可能なるコミュニズム」に、いかなる民主的なプロセスを経ようと、このプロセスは駄目だと打ち消す。ならばその可能なるコミュニズムの実社会を成立させるのにどんなプロセスが柄谷にあるのか。柄谷は今考えているというが、生きている人間不在の形而上学なら、それは可能であろう。しかし、ことは度し難い生きものの形而下の不完全な人間たちである。

大西巨人は〈田辺元という人がいるでしょうが？「矛盾的自己同一」の小林秀雄が、田辺元について、いつも何か難しいことをいうけれども、哲学的、抽象的なことをいうとると、いちおうもっともらしいが、時事的、実際的な問題を論ずると、床屋政談のようなことになると言っているのですね。それで、この「哲学者」はだめだと断定しています。私は、小林秀雄の言い分はそのとおりだと思う〉と、相手の若い哲学者柄谷に話している。大西の腹の底には、意外にも柄谷批判があってのこの談かと私は読んでしまうのである。

哲学者柄谷行人も時事的・実際的な問題を論ずると床屋政談になるからだ。『憲法の無意識』（岩波新書・二〇一六・四・二〇）で、

戦後憲法における戦争放棄は、敗戦国が強制的に武力を放棄させられることとは違いま

す。それは何というべきでしょうか。私は、贈与と呼ぶべきだと、思います。では、誰に贈与するのか、先に引用したように、憲法の前文にはこうあります。「われわれは、平和を維持し、専制と隷従、圧迫と偏狭を地上から永遠に除去しようと努めている国際社会において、名誉ある地位を占めたいと思う」したがって、九条における戦争の放棄は、国際社会に向けられた「贈与」なのです。

憲法の成立過程、GHQのなにものかも知ってか知らずにか、よくも憲法九条をこのようにアレコレと言えたものである。この調子であるから、中国哲学専攻の加地伸行に批判されるのである。

『偽善者列伝』（飛鳥新社・二〇一九・四・三）の中で、「儒教知らずインテリの典型――柄谷行人の言説」としての標題で加地は書く。

『図書』（岩波書店・二〇一六年七月号）所収の、柄谷行人「固有信仰と普遍宗教」なる一文はひどかった。柄谷某は、こう述べる。「儒教では、親孝行が説かれ、天（超越者）を敬うことが説かれる。しかし、それらが本来、祖霊の信仰に根ざしていることは明示されないし、深く考えられていない」と。

ええ～と驚き、次いで、小僧、何を言う～というのが、老生の率直な感想であった。

儒教には、少なくとも十三種の基本文献があり、これらに関する厖大な諸注釈がその背後に控えている。それらを扱うのは、専門の中国古典学研究者——取り分け中国哲学研究者である。現代中国研究者では無理。しかし、近世以降、右の基本文献から選出した四書（大学・中庸・論語・孟子）は基本中の基本として、いやしくも学に志す者は、その本文（注解は別）を必ず読み、文意を心得た。我が国においても、戦前まではそうであった。

残念ながら、戦後においては、その作法が崩れてしまったので、四書は遠い昔の物語となってしまっている。そのため、「儒教について無知なインテリ」の氾濫となった。気の毒なそういう一人が柄谷行人である。

吉本隆明に『私の戦争論』（ぶんか社・一九九九・九・三〇）という著書がある。そこで彼はなんと言っているのか。これもまた床屋政談である。

日本は、戦後、経済的にも復興しました。アメリカの従属下から抜け出し、国家としての対等の形でアメリカと条約を結んだのが六〇年の安保条約だったんです。それが六〇年の安保改正に対する僕らの解釈でした。

詩人だ、思想家だ、と評価の高い吉本隆明のこの言葉は、この本と共に消えない。今日（二〇二一・六・一三）の毎日新聞に一ページ分の大きな記事になんとあるのか。「一二年間で一八〇〇二件　住民の訴え改善せず」と。首都東京をはじめ、日本各地に米軍機の低空飛行の横行。

飛行機は高度三〇〇メートル以上。他は一五〇メートル以上。これが地位協定だ。しかし、最近のヘリは東京上空ビルより低空を自由勝手に飛ぶ。この日本国の無力をなんとみるか。アメリカへの従属から抜け出したと、よくも正気で言えたものである。このように、吉本たち同志（?）の認識はまったくどうかしている。たとえば『日米地位協定の真実』（集英社・二〇二一・二・二二）の著者、松竹伸幸のその書の一ページでも読むとよい。私は『日米同盟という妄想――準国家日本の姿』（同時代社／二〇二二・一二・二）に書いてある。日本はほんとうに主権国家と言えるのか、と。

主権の意味内容を知らない者の言が余りにも多い。それも知識人、文化人と言われている人たちに多い。言えば日本国の、日本人の不幸そのものがこのことである。日本人は共同体としての人格を喪失した。公民的国民的の思想を敗戦により亡失した。一見平和に見えるが、真実は日本社会・国家は崩壊しているのである。

対アメリカとの差別が明らかである。この解消には　百年以上かかっても無理かもしれない。より平等に、より自由にでは足りず、ベストを目指す日本人が不在ならばだ。戦後アメリカ政府に堂堂と日米地位協定の改廃について主張した政治家は、いまだ一人もいないのだ。かつていち早く中国と和を結んだ田中角栄に学ぶべきものがある。

日本人の手で日本の憲法をつくり変え、日本人が自立しないかぎり、主権は成り立たない。アメリカの隷属的存在の日本が、吉本隆明のいうように、ほんとうに独立しているのか。日本の現代の思想家も床屋政談により、馬脚を露呈したのである。

私は加地伸行の中国哲学的論評の理解はできない。『諸子百家』の上辺部を学ぶことだけでも大変である。便覧的に要点をつまみ食いするだけである。専門の中国哲学研究者から柄谷行人が痛烈な批判を受けたことには同情するが、九条贈与論など奇想天外もいいところと言わざるを得ないのである。

一心に百優するのは、甚だ辛いものである。

4　差別の元凶は貧困と権力

私は差別問題を陰徳の話から始めた。一般として差別は認められない。認めてはならない。つまり人間平等の原則の前で差別はあってはならないのである。

しかし公認される差別は階級制度として現にある。これによって国家組織は成り立っている。戦争中なら黒沢海軍少佐と清水上等飛行兵が会って自由に話すことはまずない。隊内でさえ分隊長の大尉《たいい》と話すことはない。なかった。せいぜい尉官の分隊士。下士官の班長は別だ。母なる班長、父なる分隊長。母は怖い。朝から晩まで恐ろしい存在だった。だがその反面がある。天皇のために死ぬという思いより、あの班長のためなら死んでもよい、という思いも時にはある。それが班長なのだ。

差別としての階級の質にはこのような人間感情が働くのである。官庁でも会社でもこうした上下の階級によって、正常な運営が成り立っている。上下の間に人間感情の齟齬《そご》が生じた時、問題が発生する。突然、そこに醜い差別の顔が現れる。自殺、退職、引きこもりと弱者の敗北は明らかになる。大きな社会問題としてとりあげられても、なおこの差別は一向に収まらない。

百里の命《めい》という言葉がある。これは一国の民の運命を左右するものは政治である、という意味である。この「命」は命令とつい思ってしまう。国の命《いのち》、ではなく国の命令と誤解するのである。

いずれにしても私たちは、国家という運命共同体の中で、少しでもましな人生を送りたいと日日努力している。能力の向上に務めている。しかし社会的差別の壁の前でどうにもならないことはある。たとえば貧富の格差が、一流大学の合否を左右する、などという実態をいやでも知る。個人の能力は貧富によって、上下するという。これを運命という。このように差別は人間の生活範囲の到る所に介在するのである。

主として野間宏の編集した本に『差別』（朝日新聞社・一九七七・七・二五）がある。これに水上勉が登場していて、私は水上の告白に共鳴し感動した。引用は長くなることを承知の上で書く。

昨今、差別問題が急に諸方で言われてきて、私自身もずいぶん気がついていなかったことを教えられています。それで、自分はどうなんたということを、いつも考えてるわけですね。差別心というのは、実にやっかいなもので、私自身が、差別の元凶であると思いいたるわけですね。根源のところを考えていきますと、皆さんはどうか知らないが、私の場合は、生まれた家のことがまずうかぶ。とにかく貧乏だった。あまり少年時代にはなくて、むしろ自分の方が、もっと下の貧乏な子をめつけようとしていた。そんな気持ちが、あったんです。だれがくれたんだか知らないが、とにかく自分より下の者を見くびろうと、つとめた。どういうわけか、私の家だけは、乞食谷《こじきだに》というところにあったんです。部落は六三軒あるんですが、うちにだけ電線が来ていないんですよ。

相手は野間宏と安岡章太郎。水上の生活実態の話は、こんな風に始まっていく。
水上は貧困の話を告白のように話す。もうこれが恥でないところに彼は立っている。

　父が何で棺桶と位牌ばかり作っていたんだろうと思うと、生業としてそれしかなかったんだね。普請ちゅうものは、なかなか注文がこないからね。生きるために仕方なく、そういうことをして人のいやがることをやらざるをえない。だからさっきの皮はぎの話のとき、ちょっとこだわったんだ。いやがることにたどり着かなきゃなんない、貧困ちゅうのはね。そういうことなんだ。

水上は九歳半の時村を出て瑞春院へ、十三歳の時そこから等持院へ。そこもまたとび出して軍隊へ。不条理、別名差別の世界で生きのびてきた。そして水上勉は覚悟してついに喋った。

　これはオフレコにしたくないと思うんだけど、しかし女房が怒るかも分からないんで……まあ聞いてほしいんです。私は水上姓なんですね。さっき言いましたように、若狭で貧乏であったということは女房も知っているんです。ところが、いまは町になりましたけど、その村に被差別部落はあった。小学校で私の同級にも、だれから教わったか知らなくて、漠然とそういうことは風のように身に具わって、それを知った。

　ところが私は、その上か下か知らないけど、私の方が貧乏な人ですね。それはなぜかというと、被差別部落には白壁土蔵のある家もあります。立派なお寺もございました。私の場合は菩提寺から、いまは五銭族になり、お宮様からも五銭族になり観音堂からも五銭族で、一人孤独だったでしょ。子どもにははっきりわからぬが、差別している人たちがそこにいるということは教わったけども、感覚的なもので、さっきも言ったようにワカメのような着物を着た子に、ある畏怖を感じながら育った。

　その記憶があるだけの私に向かって、結婚してから二十年もたった今日、妻から言われたんだ。「私は結婚した当初は、あなたは向こうの人だと本気に思っていたわ」と。そりゃ、うちのおとっちゃんちゅうは、宮大工は一生に三、四度。八五歳まで生きたが、実は生業は棺桶と塔婆で食っといたわけです。（句点は清水）

水上は二十年間も妻から「向こうの人」と思い込まれていたわけだ。二人を相手のこの話も最後になった時に、水上の態度に変化があった。差別の真の意味の分かるのがこの水上である、と私は思った。

話はちょっと変わりますが、わたしの京都における小僧時代、「直し、直し」と言って、下駄を直す職業の女性がいた。私の中学校は大徳寺の横にあったんです。で、私はそこを歩いて中学校へ行くわけです。そのとき、本当にワカメのような着物で、乳母車に下駄の歯を積んで「直し、直し」と言いながら歩いていく集団とすれ違うんだ。

ぼくは人生観が変わったよ。京にも、うちと似た家があるなと思った。そして寺にいたでしょ。寺には托鉢ちゅうものがあったが、あの赤ん坊を背負って「直し、直し」と言って、みぞれの中をはだしで行く女たちのような必死の行乞《ぎょうこつ》のなりわいをあんたたちは持っているか。雲水坊主は、何だかわけのわからんお経を言うて、米をもらうだけじゃないか。彼女たちは一歯つげて二銭とか五厘をもらう。それをなりわいとした。この人たちのことを雲水の徒食にくらべて論じたら、ある人から「水上勉は、人間を卑下したまなざしで、禅宗坊主をやっつける材料に使った」と言われた。

ぼくのいいたかったのは、こうなんだ。行乞という行為で君たち雲水は腹をささえている。雲水の修行姿はきれいだと何とか言うけど、同じ早朝に「直し」の人びととの群れがいるのを私は見ている以上、徒食の雲水に加担できないんだ――と。

これはまた不思議な話で、ぼくの母親も京都で下駄直ししている人ですよ。だから、この職業を賤《せん》業と思ったことはないし、愛着と懐かしみをもって言ったつもりだよ。

黒沢丈夫が兵学校時代に邂逅《かいこう》した若い僧とこの水上のいう雲水を一緒にしてはならない。しかし雲水を水上は腹の芯から批判しているのではない。「直し」の女性を強調し、あたかも野間や安岡の魂にゆさぶりをかける言動として自然に声がたかぶっただけの話である。

貧困の中で差別を理解しつつ育った水上が『源氏物語』について、「光源氏がおなご遊びするのについていけない」の評は、私とまったく同じで意を強くしたものである。

また金閣寺を寺の小僧が焼いたことに、水上は「ありゃ、いらんものを焼いただけのことだ」と断言する。天下で誰もが発言しないことを水上は言った。あれは寺ではない。足利義満の別荘だ。焼いたのは、意味のあることだ。犯人を国賊というのは間違いだ。寺がそのように育てたので小僧よりも、育てた方に非難の矢が射られるべきの話だ。聞いている二人はこれに返答できない。水上勉の独り舞台であった。

水上勉の生を知るなら、差別を怖れることはない筈である。水上勉に学ぶべきであることをいやでも知らされるのである。

『差別』は上下二巻。登場人物は八人。私が感動し、参ったのはこの水上勉の人生だけであった。

差別の元凶は、貧困の格差と権力の有無からくるのである。

5　差別認識の相違

「作家は差別意識を持たなくてはいけない」と作家高見順が言った。その言葉を前提に、文芸評論家の久保田正文が『労働者文学の条件』（現代書房・昭和四〇・八・二〇）でつぎのように書いている。

すべての階層、すべての職業、すべてのことなった出身の作家が作家・文学者であろうとしたとき、彼はその瞬間から、みずからを文学的専門家として自覚し、その責任をみずからとってゆくよりほかはなかろう。ひとりの人間の市民生活、日常生活のかたちが、かりに工場労働者であろうと、日雇い労働者であろうと、知的労働者であろうと、ホワイト・カラーであろうと、そのこと自体が、彼が一方で文学作品をつくろうとするばあい、そのまま文学の特権としてはたらくものでなければ、否定的条件として作用するものでもない。労働者であることを、ヒケラかしもせず、敗北感としてコンプレックスさせもせず、その文学外的条件によって高ぶりもしなければ、ことさら引っ込みもしない、そういう正常コースへ労働作家は出て行くことよりほかにはないだろう。

このような久保田正文の考えに対し、詩人関根弘は「月報生きる権利」（’84・10スト権回復を支持する会・発行責任者野間宏）で「労働者とは何か」と題し、久保田論文に批判を加えている。

わたしのカテゴリーでは、文筆労働者なんてものは、断じて労働者ではないのである。久保田正文の、いいたいところは、労働の実態が日立って変質しはじめている。むかしのように労働者・農民をハンマーと鎌とでたとえることはできなくなっている。机上労働者、ホワイト・カラーを、確実に労働者の枠のなかに容れて理解してゆかなくてはならぬだろう。

と。

関根弘は自分の体験から話す。

ホワイト・カラーとブルー・カラーでは、存在実感がまるでちがうのである。わたしは、小学校を卒業して二十歳になるまで工場労働者だった。僥倖が大きな役割を演じて、二十歳のときに、業界新聞の記者に転じたが、それいご、わたしは自分を労働者だとは思っていない。拘束、疎外、屈辱感から解放されてしまったからである。

関根は解放によって自分は労働者ではなくなったと告白している。労働の差別から解放された故に、労働者ではない、と断言するのである。しかしこれはあくまでも関根個人の体験にすぎない。新聞記者が労働者でないなどとは誰も考えていない。

久保田正文は、労働を売って生活する者は、すべて労働者だという考えである。

資本主義体制の下での労働である。関根は労働の職種によって、以前より、よりよい自由を得たことで満足している。職種間の差別だけの問題に矮小している。資本と労働との完全解決など不可能である、社会へのまた国家への差別に目が届かない。

久保田正文は、労働者の範疇をより正確なものにするために『労働者文学概念の解体過程』(『文学』岩波書店、一九六二・六)につぎのように考えを述べている。

> 労働者という中間概念が、プロレタリアートという、鋭くはあるがせまい概念へ限定されることによって、市民や大衆がそのまま労働者であり、プロレタリアートの役割をも内包するという認識が自覚され。実体化されることのほうが、より現代にふさわしい論理であるのではなかろうか。

と。

私は評論家の久保田のこの考えに学ぶものがある。私は久保田の『リゴリズムの生態』(木精書房)や『燕雀雑稿』(永田書房)や三六人の作家を論及した『作家論』などを通し、久保田の思想を理解しようと努めていたからである。

この『作家論』は評論家としての彼の代表作品だと思うのだが、この中に何故か石川達三が入っていないのである。『石川達三論』（永田書房・昭和四七・三・一五）は久保田が最も力を入れてきた石川文学の結晶を表現したもので、他にこれ以外にこれを凌駕する石川達三論はない。なのに、三六人の中になぜいないのか。

生前にこのことを直接私は聞くことがなく、今思えば自分の力不足を思うばかりである。久保田は戦時中の石川達三の姿勢に親近感を覚えたという。その久保田が石川達三作品集全一二巻の全巻解説という仕事を、駆け出し時代にする。それを望んだのは当の石川自身であったろう。石川達三は久保田にとっては格別の作家であって、気軽くとは言えぬが、三六人外として、尊敬し、他と並立させることはできない。久保田は「親近感」と言っているが、自身では「尊敬」していたに違いない。

こうした扱いの中にも、これを区別と考えるか、差別として考えるか。石川を別格とする視点に立てば、差別として三六人に弁解の余地がない。親近感程度から区別としておくことが穏当だった。だが、当の石川からすれば不足。逆に差別ととってみても自然のこと。このように、私は、久保田から離れて勝手にこのように考えて選別のややこしいことを勝手に思うのである。

しかし現実の問題は、このように勝手に考えているようなものではないのが、差別認識である。この認識違いという摩擦が、すなわち差別現象としての問題なのである。

たとえば小学校の児童の名簿を先に男子、後に女子とするのは女性差別だという。ある高校、大学などの場合、はじめに男女別に採用人数が決まっていて、入試の成績順からすれば女生徒の得点優位でも男女の人数別採用であれば仕方がないが、これも差別。男女の枠をはずせよ、の声になる。ならば自衛隊関係の入試の場合もこれでよいのかどうか。

世の差別論は後を絶たない。果てしない。人間社会というものは、もともとこのようなものであって、不思議ではないのである。人間性そのものに、もともと問題があるからである。

私の知る限り、南米インカの後裔たちの女性民族衣装ぐらい生活の中で正確に現在まで維持されている所はなかろうと思う。あの山高帽とスカートは他に同化しない。あの特徴ある服装では事実かどうか確認していないが飛行機に乗れないの規則にも抵抗し、ならば乗らないとき く。差別など眼中にない強い、美しい独立心がある。

日本ではすべからく明治維新で欧化した。アイヌも同様である。詩人関根弘はじつに差別に対し敏感だった。工場労働者だった彼が、一夜にして業界新聞の記者になったことで、オレはもう労働者ではないと思ったというから、彼の差別意識は尋常ではなかった。拘束、疎外、屈辱感から解放された喜びがそう思わせた。

彼の屈辱感は、多分小卒という学歴にまずあったに違いない。中学へ進めない屈辱があった筈である。社内の高学歴高給料者の無能に較べての自己との矛盾が生む強い差別感。名簿に男が先は変だ、などという変な差別感とはまったく質が違うのである。

私は小学校時代級長なったことは一度もない。級長は三年生から定められていた。担任教師が推薦し校長が命ずるものだ。推薦される理由は分かる。級に神官——当時神官は公務員であった。僧侶より上位であった。しかし私の村には天下の名利の寺がある。また三等郵便局もある。そういう所の子弟がクラスメイトでは歯が立たない。担任教師の判定はすでに決まっている。

父は師範学校を出る時、不幸にして結核になり教職を失った。平凡な自作農の百姓で、かたわら村の唯一の小さな会社、殖産会社の常任書記。最少年齢の村議、学務委員で国家の四大節の儀式に学校に出て来ても、なんの効力にもならないから、四年間一度も級長の経験がない。関根弘の気持ちが私によく分かる。

差別としての屈辱というのは、心の深い傷になる。しかし、そこから自由になりたいという解放のエネルギーが湧き出す泉でもある。

世の中はこうして、それぞれの歴史を重ねてきたものである。プラスの要因になるものばかりでなく、多くは反社会的な方向に作用するものが目立つ。自殺、他殺、犯罪などがそれである。これは。個人的見解にものを見るからである。屈辱が社会的要因で、これを個人でなく市民として見る時のエネルギーは、当然反権力的な運動に展開するものである。

ルソーは「人間は生まれながらにして自由であるが、しかし、いたるところで鉄鎖につながれている」という。むしろ、逆に生まれながらにして鉄鎖にしばられている、と言ってもよいほどだ。ルソーはこの見えない鉄鎖として〈ある者は他人の主人であることを信じているが、事実は彼ら以上に奴隷である〉と。そこでさらに考えを発展させるのである。〈「ある人民が服従を強制され、服従しているかぎり、その行為は正しい。その人民が軛《くびき》を脱することができ、脱することに成功するやいなや、その行為はさらに正しい。なぜならば、人民は彼らから自由を奪ったのと同じ権利に訴えて、自由を回復したのであるから、人民が自由を回復したのには正当な根拠があるか、人民から自由を奪ったのが不当であるか、いずれかであるから」しかしながら、国際的秩序は神聖な権利で、他のあらゆる権利の基礎をなしている。それにもかかわらず、この権利は自然から由来するものではなく、したがっていくつかの合意にもとづくものである。その合意とはいかなるものかを知ることが問題となってくる〉

ルソーの「人間不平等起源論」は「社会契約論」に発展し、社会革命の是となっていく。革命とテロとは違う。「エミール」は、「社会革命論」と同時期の発表だった。その「エミール」では、明らかに革命の予感を弁じているのである。革命は正である、ということだ。

〈あなた方は、現在の社会秩序を信頼して、この秩序が避けることのできない変動に脅《おびや》かされていること……を考えない。……身分の高いものは卑賤《ひせん》の身に落ち、金持ちは貧乏人となり、君主は家来となる。……我堂は危篤の状態と革命の時代に近づいているのだ〉なおも、この文句にルソーは注を加えて、〈わたしは、ヨーロッパの大君主国が今後長く続くことは不可能であると思っている〉といっている。（中央公論社・世界の名著・昭和四一・六・二〇）

ルソーの予言はたしかにフランスにおいて実現し、世界史となった。小さなことでも久保田正文の労働者の意味も現実のものになった。そしてさらに現在は驚くほどの情報化社会となった。市民大衆が労働者とした久保田の考えの上に、某評論家は、情報貴族と情報プロレタリアートに、国民を一対九の割合に差別的区分して論じるほどになった。情報貴族は、新聞を複数読む。雑誌や新刊本も読む。しかし情報プロレタリアートはスマホ一つでこと足りている民衆だという。ここにも貧富による差別現象はこのようにある。あっても「人間不平等論」思想の自覚がない。ルソーは遠い国の昔の人だと思い込んでいる。自覚があったにせよ、ソビエトや中国を知ると革命の恐ろしさだけを知ったと思うだりである。ルソーは正しく理解されにくいのである。

6　男女間の差別観

明治維新によって成立した政府は、明治憲法により天皇を絶対者に定めた。絶対者は神としての天皇を国民にその政治力で教化することを求めた。

私は少年時代から早くも軍隊へ志願し、敗戦を体験する間まで、天皇は生き神様と信じていたものである。しかし天皇自身が、敗戦後、朕《ちん》は神でない、と宣言したものの、むろんその時には天皇が神ではないと思ってはいた。

生きている神などというものは、そもそもこの世には存在しないのである。生物学上多様性の問題であるが、一口で言えば、人間は男と女から成り立っているのであって、生きた神の存在など認めていない。

前にも書いたが、ルソーは「人間は生まれながらにして自由であるが、しかしいたるところで鉄鎖につながれている」という。

天皇も私たちも生まれながらにして自由であった筈だが、天皇には天皇としての鉄鎖があったと私は思う。この鉄鎖をはずせと主張し続けたのがたとえば中野重治であった。しかし中野の主張に賛同する者は少ない日本人の国情であった。

つまり天皇を解放し自由にしてやるべきだというのは、逆に非礼の、許し難い思想だと反対するのである。それどころの話ではない。日本の二一世紀、神でもない男系天皇の後継が少なく危険だと騒ぎ出す始末である。この時に限って、男女差別を批判する論者もなぜか声を落とすのである。女性、女系天皇が何故認められないのかの主張が意外に弱いのである。天皇が男でなければならないという理はない筈である。男も女も平等だから、自由だと言える筈なのにだ。

六〇年安保反対闘争当時は、天皇もしくは天皇家批判はタブーであった。作家の深沢七郎などはいい迷惑をこうむった犠牲者の一人であった。

このタブーを打ち破ったのは、テレビでもなく新聞でもなく週刊誌の力であったと言ってもよかろう。またそれを支えた読者の力でもあった。つまり世評である。

目下、秋篠宮家と小室家の間にある結婚問題などが、これら週刊誌の話題提供者となっている。昔日の思いである。

言葉、表現に注意、その配慮だけは目につく文面である。しかし、内実は一般国民と同様並みに問題を扱っている。宮家であっても、相手を人間だという当然の考えがそこにある以上、主題は正しく貫いている。

しかし、一転、天皇の男系皇統が危機状態でありながら、やはり国家の今の政府の結論は、女性、女系天皇制は見送りとする。天皇は相変わらず、男系男子に限定されることになるのである。（追記・二〇二四年現在は女系もいたし方なしの論調あり）

天皇制の男女差別として、こうした問題を眺めることはしない。出来ない。男女差別、あの小学校の出席簿の順序にさえ、口を出す女性差別批判論者たちは、いったいどこへ消え去ったのか情けない。

秋篠宮家がどうであれ、小室家がどうであれ、これらすべての人間の生活実態である。中野重治なども植谷雄高なども、天皇制軍国主義化の下で天皇のなんたるかを発言していた。現下のGHQからの申し付けられた憲法は、言論の自由が認められている。それでありながら、日本人はまだ明治憲法の思想の悪い一部を捨てきれていないのである。秋篠宮家への批判が目立つが、私はむしろ秋篠宮は皇室改善に思いをいたすように見える。この秋篠宮に私は注目している。皇室も当然時代と共に変わるべきである。まだまだ国民は天皇を神扱いにしたい心情にある。

問う。天皇は何が故にアリガタイのか。

神扱いに考えている者にとっては、理由なしにただアリガタイ存在として、矛盾を感じない。これは自立に弱い日本人の悲しい運命のようなものかも知れない。マルクスは人間の歴史は、階級闘争の歴史だと解明したが、かつての闘争は盲目のため、必然に動かされた運命であり、反抗や打破の方法、その道を知らなかったという。マルクスによって、私は運命ということの言葉を知ると、あの日本の士農工商という動かぬ固定的階級に矛盾を感じない江戸時代の人たちの人生が、まさに運命としかいいようがないものかと思わざるを得ない。天皇も運命であり、それを神扱いとしか思いえない現代人もまた天皇同様運命の鉄鎖にしばられているようなものではないか。

目覚めた闘争の歴史をマルクスは生産力と生産関係に生ずる矛盾、そこに権力による搾取行為を明らかにした、いわゆる唯物史観を主張した。マルクスのこの思想こそ自覚された階級闘争の歴史の幕開けであった。このことをエンゲルスは、人間が自ら人間の歴史を作る、と言ったのである。マルクスの『資本論』は、こうした経済学の基礎原理により、資本主義社会を批判し、さらに否定する体系をうち立てたものである。差別される側から差別する権力者に向かっての思想の挑戦であった。この形而上学を見事に突破したのがレーニンであった。形而下の革命である。

人類にとって、一国の民族にとって、この革命は理想故に至難の業である。それだけにコミュニズムの言説は世に溢れ出ている。そこまでは可能である。しかし理想的な形而上学をあやつる論文とは別に、余りにもかけ離れた通俗的な、否、まったくその持論は真逆な凡劣《ぼんれつ》を口にする知識人が、あの悪者爺さんのような加地信行の痛烈な攻撃の的になるのである。

今、ようやく資本論の主張する思想が見直される風潮になった。理由は、個人の貧富の二極に分断された社会になってしまったことにある。国民の持つ富の平均化は、夢になっている。中間層がなくなった。このようになったのは、自然破壊の結果によるものである。富の力は、エセ科学を推し進め、地球からの反撃の元凶となっているが、その自覚がまだない。

この富の力に社会的制裁を加えようという革命的思想の芽生えがある。しかし、これは一国だけでは意味をなさない。地球上のすべての国家の富に対しての攻勢でなければ効果にならない。権力を有する富の側が動かぬ限り、革命的思考も力にならない。国連に現れたあの一人の少女に感心しているだけでは、まったく話にならないではないか。少女の声に耳を傾け、賛同し、なお国家が政策に取り込もうとするところまではきたが、実質的な成果とならなければ意味はない。

自然との協和が遅すぎた。今世紀は地球上に生きる、人類の避けられない課題は、地球との協和共存である。

貧富の格差やそこに介在する権力の有無などが、自然もしくは地球との協和のブレーキになっている。私たちの日常生活の瑣末に見える小さなひとつひとつのことも処理次第で、思いがけもしない大きな負になってしまうものである。むろん取り返しのつかないマイナスとしてである。

したがって「正義を欠く国家は、どれほど強大であろうと、真実はその名に値せず、ついに破滅を免れない」と哲学者のアウグスティヌスが言っているが、別に珍しい発言ではない。万民の思うところである。ほんとうにそうであったほしいものである。国家を国民に置きかえてみても、通ずるものである。

人も国家も困る時には神を持ち出し、神の力を利用しようとする。人間の弱点である。そして人間は洋の東西を問わず、いや日本はその神や仏に格差さえつけて平気なのだ。そして仏教国の日本では死人に対してさえも、僧に頼み、よりよい戒名を期待するほどである。こうなれば、もう神話の世界である。神話を否定など出来ないのである。神や仏を信仰すればこその日常のすべては神仏による結果であろうと考える。冷静になって考えればナンセンスかも知れない。しかし、神や仏の存在を信じないにもかかわらず、人は拝礼や合掌の行為を自然に表すものである。これは神でなく人間が不完全な弱い存在である証拠なのだ。

ここに、「寓話の神学と国家の神学の類似点の一致点について」という面白い説明文がある。

寓話的で、役者が舞台で演じ、威厳を落とし、恥ずべきことにみちた神学は、国家の神学に連れもどされる。そして、非難され、排斥されるべきだと判定されるのも当然であるこの神学（寓話の神学）の全体は、祭られ、守られるべきだと考えられるこの神学（国家の神学）の部分である。しかも、部分であるというのは、わたしがそれを証明することを企てたように、まったく、不適当な、そしていわば、身体全体にかかわりがなく、不適切にそれに結び付けられ、ひっかけられたような部分ではなくして、まったく適合した、もっともしっくりと結合した部分なのである。（『神の国』岩波文庫・一九八二・一二・一六）

読者は高名な日本の歴史学者の解説だと早計するかも知れないが、じつはアウグスティヌスが一四年間もかけて書いた『神の国』の一小節にすぎない。読者を引きずり回す、こにくらしい話ではあるが、日本神話との同一性の点で合致する。

日本の神話が、いともまともに、ほんとうらしく、史実の歴史に接ぎ木のように結びつく道行のこれは劇場風景の説明でもある。伊勢神宮を天皇家の本宗とする神道が行う四年毎の遷宮の儀式などは、すでに神話の世界から現実の歴史の世界の中に堂堂とおさまっていよう。この錯覚は見事である。神話と非神話の差はどのようにあるのかは、判然としないことである。判然としない、また出来ない、というところに価値があるのである。

人は自分の差別、つまり差別されることは決して認めないばかりか、許さないが、同時にまた自分が尊敬している対象が差別されることも許さない。しかし神や仏に上下の差があっても全くこれを問題にしない。

人間にとって善とか徳とかが人生上もっとも大切なものと宗教や哲学が説くのは、人間がそうしたものを欠くからである。

差別の元凶が貧困と権力にあることは事実であるが、人間の心に善とか徳に対する考えが希薄になったか、不在になったか、つまり豊かな人間性の喪失も重なっていることをあわせて知らなければならない。

私のこの小論は、したがって最初の陰徳の話に帰っていくことになる。要は主体的な人間に日本人がなることである。準国家日本を主権国家にと努力し成功したのは、ただ一人小学校卒の政治家田中角栄のみである。中国と和を結んだ故に米国政府の暗い力で彼は失脚した。その米国との間に対等の和を結ぶ政治家はいまだ一人としていない日本である。

V　私の私小説論

私は昭和が平成に暦が変わった時も、また平成が令和になった時にも、なんの感動もなかった。しかし一九九九年が二〇〇〇年になった時には感慨があったことを覚えている。あの世紀の変わった時から、今年は二一年、私の馬齢も九一歳となるといやでも自身の来し方を思うことがある。

ある時、突然平安朝の時代にも、私によく似た男がいたものだと記憶の底から浮かび上がってくるその男が、たしか『古今和歌集』の中にいた筈なのだ。

何をして身のいたづらに老いぬらん
　年の思はむ事ぞやさしき

選者もこんな歌なら、作者の名前はよみ人しらずで処理してしまったものかも分からない。戦時中ながくして一八歳までの命だと教育された男であっただけに、一体なんの仕事らしい仕事もせず、ただ齢だけとってこの恥の一生の己。

やさしきとは何のことか、胡麻かしてはいけない。やさしきとは、はずかしい恥という意味なのである。やっぱり齢はとりたくないものである。『古今和歌集』は全部で一一一一首。この男の歌はあと寄りにあった。

蛇足ごと。私事、七八歳の妻の死はこの歌集全首の数に重なる数であった。一一年一一月一一日、ちなみに俗名が一枝、老いても忘れ難い数字でありがたい。

さて、「齢はとりたくない」とは若い中村光夫が、先輩の広津和郎に投げた言葉であった。復員した私がまだ学生時代に読んだ、中村光夫の「広津氏とのカミユの小説『異邦人』論について」にであった。

私は論争の勢いで相手の先輩に不快な批判を展開する若い元気な中村光夫になぜか不潔を感じた。中村は「リアリズム」にもとづく偏見だとか、「明日への」スノピズムや、それに対する頑迷な反撥だけでは解き得ない文学の課題だとか、さらに論争は発展し中村は広津に対し「大正期のリアリズムに馴れた作家」の眼だとか、的のはずれた表現が目立った。そのあげく、齢はとりたくないものです。

この論争に裁定の如き論評を下したのは、椎名麟三であった。彼は、広津の意見をキリスト教的な視点から支持し、中村の論文は不条理な感情が世界のなかに実在するという現象学的な報告に過ぎないと断じた。

私は広津の『作者の感想』（聚英閣、大正九年三月三十日）所収の中に「或る批評家達に与う」を読み、この時すでに広津の散文精神は見事に確立していると思った。また広津は作家になる前に、この書によってすでに文芸評論家として立ちあがっているのである。

所謂「学問の背景」を持っている批評家等が、如何に文芸とは何の関係もない、抽象的な、小むずかしい、その癖恐ろしく迂遠な言説を吐き出す事によって、問題にもならないものを問題にし、解り切った事を解らなくし、明瞭な事を不明瞭にし、而も自分等がそれで以て文芸の根本に触れ、それに善き肥料を与えつつあるかの如く、自惚れているか、そしてそれが如何に滑稽でかつ片腹痛き感を与えると、指摘することであると私は思う。

大正期の文芸思潮の根底と寸分違っていない。『作者の感想』の主たる論文は「怒れるトルストイ」であった。当時の文学文芸はトルストイ全盛時代であった。これに一人批判の矢を放った広津は四面楚歌、その後小説を書くようになる。また、「私小説」という定言もまだ私には見当たらない。

広津の「或る批評家達に与う」の前部には文芸評論家の資格ともいうべき注目される考え方がこの時すでに述べられている。

文芸評論家の資格を形作る所よりも一番重大な、一番根本の要素は、哲学的素養でもなければ、心理学的素養でもなければ、社会学的素養でもない。それは具体的な文芸製作に接した場合、それを理解し得る能力を持っているという事である。一口に言えば、文芸が解るという事が、文芸批評家の最大の資格なのである。この「文芸が解る」能力がなければ、どんな社会学者も、どんな心理学者も、どんな哲学者も、文芸評論家となる資格がないのである。

これはなぜか広津自身が文芸評論家になった、その時の宣言のようにも読める。文芸批評のイロハを語っている。具体なく抽象への道は邪道と説く。広津の自伝的な『年月のあしあと』には、まだその時の「年月」の記録はなく、晩年松川事件に対する裁判批判のことなどもない。この裁判批判の鋭さと熱の入れようには、日本中が瞠目した。小田切秀雄が「週刊読書人」（昭和四三・一〇・一四）で「闘う作家広津和郎」と題し、同年九月二一日逝去した彼の業績を高く紹介しているが、すべて納得のいく立派な弔文であった。

散文精神に生きた広津の文芸論から、脱却し得ないのが、『私小説という哲学』（平安出版、二〇〇六・六・一五）の岡庭昇である。

岡庭昇は近年珍しく「私小説」の擁護者であるが、私は何故擁護しなければならないのか理解に苦しむ。岡庭は「私小説」という形容自体が差別語となっているというのである。

誰によってそうか。大江健三郎であると言う。しかし岡庭は大江の『さようなら、私の本よ』は私小説ではないと断定し、「大江がどのような意味であれ、私小説とは無縁なことは確かである」とも言う。ほんとうに無縁なのか。私はそうは思わない。こうした論調こそ広津の認め難い持論であった。岡庭は私小説を哲学によって世の相手の私小説否定論に対抗しようとするのである。

「私小説という哲学」は、まさに日常現実をありのままに、あたかも日記のようにして描いた小説だという、それへの誤解に充ちた通俗観念に、根本的な反省を促している。そこでは、日常性は、みせかけに過ぎないのだ。どうせ誤解するなら、むしろ私小説は形而上学であり、宗教に似ているといった方が、問題を正確に捉える道に近い。

これではもう敗北の論評になっている。私小説を哲学だとか宗教だとかの表現を使って解明しようとするのは、反擁護になる。

私小説への誤解、意図せざる読み違いは、もっぱら評論家たちによって継承されて来たにせよ、岡庭までこれを否定しつつも、このような論調に落ち込むことを私は惜しむものである。

岡庭の言わんとすることを『文学の否定性』（審美社、一九七〇・一一・二〇）の著者森川達也は、分かり易くつぎのように解説しているのである。

ここで私が重要視し、問題としたいことは、私小説作家の文学的発想の姿勢が、常に「私」を他から区別し、非日常的な自己として自覚しようとしてい点である。この場合、彼等が自己として自覚する「私」は、平野謙や中村光夫の言う如く、現実社会の一般的な秩序の中で生活している、多くの、正当で善良なる他の人々から、あくまで区別され、ないしは除外された、その限りにおいて、非日常的、例外者的な、言わば「悪人」としての「私」である。それが彼らにとって、自己に固有な「私」の真実なのである。そして、この、現実社会の一般的秩序に反抗し、反逆し、そこからあくまで自己を区別（否定）し、自己をアウトサイダー的な善人として規定する力――それを現実否定の力と呼んでもいい――これが、実に、私小説をして文学として全無垢的に光あらしめ、精彩を放たしめている所以の唯一のものなのだ。言いかえれば、私小説の本質は、「私」の持つ「否定性」（反逆性）にあり、そしてこの「否定性」（反逆性）によってのみ、私小説が文学性を持つことができるのだ。たとい「私」の否定性（反逆性）の及ぶ範囲が作者自身の世界に止まったとしても、否定性はやはり否定性なのであり、その限り、それは文学性をになう。文学性とは即ち、否定性（反逆性）のことなのである。

森川達也は私小説について分かり易く、くどく説明した。つぎに私小説家の持論をあげる。藤枝静男は自作小説の『空気頭』の中で、私小説家らしく小説の定義を述べているのである。

私は、ひとり考えで、私小説にはふたとおりあると思っている。そのひとつは、瀧井孝作氏が云われたとおり、自分の考えや生活を一分一里も歪めることなく、写して行って、それを手掛かりとして、自分にもよく解らなかった自己を他と識別するというやり方で、つまり本来から云えば完全な独言で、他人の同感を期待せぬものである。

もうひとつの私小説というのは、材料としては自分の生活を用いるが、それに一応の決着をつけ、気持ちのうえでも区切りをつけたうえで、わかりいいように嘘も加えて組み立てて「こういう気持ちでもいいと思うが、どうだろうか」と人に同感を求めるために書くやり方である。

藤枝の「私小説」提言に異論はない。ないけれども作家と作品が、この言葉通りに読者にはたして読みとれるかどうか。そこに文芸評論家が立ち入る妙味がある。なぜなら小説家藤枝静男が並の作家ではないからである。

広津のリアリズムの考えと藤枝の考えは広い意味からすれば少しも違っていない。素直な藤枝二種類私小説論として私は納得できるのである。藤枝はそれなりにアウトローである。それを知らずに彼の私小説論を鵜呑みにしてはならないのである。

私小説に最も好意ある平野謙は、文芸時評のなかで「私小説には過剰自己苛責型と過剰ナルシシズム型とあって、藤枝静男は前者の型に属してトクをし、小島政二郎は後者の型に属してソンをしているなどと、文壇的なことを書いていたおぼえがある」と述べている。

トクとかソンとかの言葉には平野謙一流の含蓄が潜んでいるので、迂闊に読み過ごすことはむろん出来ないのである。

広津は志賀直哉の小説を「私小説」とは言っていないが、むろん私小説であることに違いない。短篇などは私小説というより随想である。なに故か小説の形態をとらないのである。広津は前掲書の中に「志賀直哉論」をも載せているのである。

志賀氏の比較的数の少ない作品は、二三の例外はあるが、殆ど氏自身がこの人生に於いて、親しく見、聞き、触れ、感じたもののみから材料を取っている。如何なる作家の如何なる作物も、何等かの点でその作家自身を語らぬものはないと言ったような、そうした芸術の一般的性質を示す意味ではない意味で、言いかえれば、自己を語ると言う文字通りの意味で、氏は常に自己を語っている。この点で、氏は今の日本の作家中、最も多く自己の経験から材料を取る作家の一人であるという事が出来る。

それだのに、氏は常に自己を語りながら、殆ど一度として、その思想を語った事がない。(中略)抽象よりは具体、綜合よりは個々——氏の眼はいつもそうした傾向を取って鋭く光っている。この意味で、氏はかなり徹底した立派なリアリストである。

当時「私小説」の論争のあるやなしやを私は無知であった。「私の小説」という表現はあったらしい。しかし広津の述べている「志賀直哉論」は、内容からすれば立派な「私小説」論の典型ではないかと私は思う。これは立派な広津の志賀私小説論だと言えるのである。

つぎに蓮実重彦の『「私小説」を読む』(中央公論社、一九七六・一〇・一)に筆を転じたい。蓮見のとりあげた作品は、志賀直哉、藤枝静男、安岡章太郎の三人、藤枝も安岡も志賀直哉の門下の作家と言ってよいだろう。

蓮見は広津のリアリズム、散文思想に、小説の虚構化を加えて、つぎのように「おわり」の中で述べているのである。

「私小説」への系譜につらなるとみられるこの三人の作家たちが、その内面に隠し持っているはずの厳密な「私」的体験の厚みにもかかわらず、具体的な「文章体験」の場において、言葉の群との表層的な戯れの豊かな拡がりを通過しつつ、その内的な体験の濃密さそのものを虚構化してゆくときの行きづまるような緊迫感が、こうした読み方をおのずと導きだしてしまったのだ。そして、そのとき「作品」の表層で演じられる言葉の戯れが描きあげる運動は、豊かな単純さ、大胆な繊細さ、饒舌な寡黙さとでもいうべきものである。一瞬ごとに鮮やかな変貌をとげつつ、同じ一つの表情におさまりつづけるもののみが、生きうる摸倣と反覆がそこに実践される。

自己満足の解説である。読者に手が行き届きかねない。解読不能の迷文である。志賀直哉は小説で思想を語らない。語らない志賀の小説から評論家は、アレだコレだと論評を加える。蓮見にしてもそうである。広津の言うように読まない。『異邦人』を論じた中村光夫のように読む。広津からにすれば、蓮見は文芸批評家失格者となろう。　蓮見は、

『暗夜行路』とは、語の厳密な意味において、屎根から山へといたる上昇運動の物語なの

だ。そして、「上」は、＝「下」の双極性が統禦する主題体系の一つとして二者択一されるべき対象ではなく、有無を言わせぬあつかましさで、冒頭から「作品」の説話論的な条件として提示されていたのである。

と広津の言う「明瞭なことを不明瞭にした」この分かりにくさに較べ、広津が『大津順吉』を読んだ批評がつぎにある。作品は違っても実に分かり易い。

不調和、不自然、不正、醜悪、そういうものを一歩も妥協すまいとする警戒の感覚を張りつめている氏は、一面に於いて恐ろしい我儘者である。それこそ手のつけられない我儘者である。いや、この我儘者の性格、女々しさの分子を少しも含まない烈しい我儘者の性格が、そうした警戒の感覚を終始はりつめ続けていられる底力も氏に与えているのである。

これでみる限り志賀直哉は小説についてとんでもない虚構化の考えはなく、あるのは作者志賀直哉の強烈な個性だと考えてよいのである。

岡庭昇の椎名麟三論にも批評家の陥穽があった。

『自由の彼方で』での清作におけるような、自分の肉体に対してどこか決定的によそよそしいという感覚に、わたしたちはもっと注目すべきではないだろうか。こういう認識を抜かして、椎名を実存主義作家だとか、「ドストエフスキーとの関連」において捉えるのは「こっけい」である。順序が逆だろう。生活者のリアリズムが観念に似た表現をとってしまうのである。

椎名麟三は、この作品で何を書くのか、主題は何か。評者たちは、主人公清作が意表をつく行動ばかり眼を向け、その面白さに足をすくい取られていく。作品は『自由の彼方で』の「自由」の立場から過去の「彼方」を眺めている。そこを描いているのである。この小説の原点を見失っていては話にならないのである。

作家はようやっと生きる苦悩の中から「自由」になれたのである。椎名はイエスに邂逅し、自由を知ったのである。この自由の場の視点から、彼方の過去の中に清作がいた。かつての作者の実像である。

私小説には、作者の生き方が根本に存在しているのである。作者の生き方とは、言えば作者の人生上の思想である。この思想を生《なま》で描かないのが、志賀文学である。

蓮見の『暗夜行路』論述は、その肝心の結語が直子になってしまった。あくまでも主人公は謙作である。謙作の生き方を描いたその表現の裡に、作者志賀直哉の思想がある。この重要さを解明するのが世の文芸評論家の、いわば特権である。特権故に、広津が大正年間に言ったように、「一口に言えば、文芸が解るという事が、文芸批評家の最大の資格」なのに、どうして哲学的に心理学的に、知的評論家の蓮見は、腕力で攻め立ててくるのであろうか。

蓮見は直子に力点を置く読み違いで、予想もつかない結論をみちびくのである。以下蓮見の考えである。

「作品」は、作家たる志賀直哉の側にあった構想も、読者の誰もがたどりえた物語をも同時に超え、何ものにも帰属することのない不断の言葉の戯れを現出せしめる。だからこの感想は、志賀的な「主題」群がかたちづくる構造的な相貌に無感覚な人間には、永遠に禁じられるほかはないものだろう。だが、「作品」を読むという体験は、書く人と読む人との関係で演じられるあの偶数的な関係をも廃棄する一瞬の感動でなくて、何であろう。

偶数的というのが作者の意図かどうかは知らぬが、二者を比較対立的に読み取り感動がこれを否定するという蓮見の発見した読み方を指すものであるが、この一瞬の感動を絶対的に説く読み方を私は了とはしない。「学問の背景」にたよる批評家は恐ろしく迂遠な言説を吐き出すという広津の指摘を想い出してしまうのである。私がここに引用した蓮見の読後感から『暗夜行路』全体の存在が一体何のことか、まったく分からないということだ。

私は「志賀的な『主題』群」と言わず、はっきり「主題」と読み取ることが重要不可欠だと思う。評者が読者に対する使命であり、逆に言えば評者の文学者としての特権である。

志賀直哉は、何年（途中、中断した）もの歳月をかけて、長篇『暗夜行路』を書きあげた。「暗夜」とは作者志賀本人の人生の意味に外ならない。作者といわず正しくは主人公謙作の人生であった。そして「行路」の行き先はどこか。そこが大山だったのである。大山で謙作はどんな体験をしたか。ここが肝心なところである。無神論者の謙作に、大山は何を彼に与えたか。

広津和郎が指摘する志賀は「一度嫌忌し始めたとなると、志賀氏はその気持の転換を手軽にする事が出来ない。ひと度憤った事は、いつまでも憤っている。ここに志賀氏の性格の並々ならぬ強さがある。言わば古武士的な風格がある」というような男である。

このような一種頑迷な男が、大山でどんな心境になったのか。主題は、問題は、ここに存在するのである。

祖父と母との間に産まれた呪はれた男の謙作は許す。自己を許す。相手のすべてを許す。自他を許した道徳的寛容を生まれて初めて心に得たのである。どうして。何によって。大山によってである。大山を通し神によってである。志賀ははじめて無力の自分を知らされたのでこのように表現できたのである。この謙作を描く体験によって、「暗夜行路」であった今までの自分の人生に光を発見したのである。この作品は暗夜からの脱出可能を描いたものなのである。金銭に苦労しない暗夜、肉親との不和の暗夜、自分勝手な暗夜などなどからの解放である。志賀文学の完結はここに終わったのである。

椎名麟三の『自由の彼方で』については、前述したが、この作品は、椎名の代表作であって、椎名文学を知る上で最も重要な作品である。なぜなら椎名はこの作品によって、甦ったからである。彼は死んでいる筈のイエスを見たというのである。この瞬間、彼は自由を得たというのである。

志賀が大山を見て生まれ代わる。そんなバカなことがあり得るか。椎名が死んだイエスでなく、生きていたイエスを見た。そんなバカな話があり得るのか。文学作品というものは、純文学というものは、こうした摩訶不思議な実作者の体験の世界が表現されているものなのだ。

『日本史広辞典』（山川出版社）によると、

「私小説」とは、主人公兼語り手が作者自身で、語られた内容も作者の実体験の再現であると、作者と読者双方に了解されているような小説形式。一九二〇年（大正九）頃このタイプの一人称小説が文壇で「私小説」などとよばれたことに由来する。日本独特の文学形式で、長い間純文学の主流とみなされる一方、克服されるべき形式として議論の対象となってきた。代表的作品として志賀直哉「城之崎にて」、葛西善蔵「子をつれて」など。


と記載されている。

ここからは、やや閑話休題のそしりをまぬかれないが、私的立場を加味して書く。

「戦後派」とか「第三の新人派」とか、その年齢・文学内容などをひとまとめにして作家達をこのように便宜上位置付けて呼称している。ここまでは文学史上固定しているが、そうでないのが「昭和初年派」という定義である。このように定義を提唱したのは、文芸評論家のさきの森川達也である。森川のその提起理由はつぎのような理由による。

　彼らの青春体験が、外の世代の作家達のそれと区別される最大の特徴は、それが戦中・戦後と全く重なり合っているということである。昭和十六年の暮に太平洋戦争が始められたとき、彼らはまだ少年であった。青春の自覚は明らかにそれ以降のことである。つまり彼らは、戦争のなかで、漸く銘々の青春の初めを迎えたわけである。そういう現実の只中で、彼らが最初に見出すことの出来た夢とはどういうものであったか、ぼくはそれを仮に端的に〈予科練〉の夢というふうに表現しようと思う。つまり「昭和初年派」とは〈予科練〉世代のことなのだ。むろん生活の環境は人それぞれに異なる。現実に予科練生を志願した者もいるし、そうでない者も多数いるに違いない。また、これと全く反対の夢を持った少年もいたに違いない。しかしそれにもかかわらず、この世代の精神を支配した夢の本質は〈予科練〉という言葉が最もよく象徴するようにぼくには思われる。
（傍点は清水）

　磯田光一もまた彼の『殉教の美学』で、森川の説く精神的な夢の思想に重なることを、たとえば「聖戦」を信ずることが死に問うことである世代などと述べている。

　花と咲き花と散る少年たちの短い生命を殉教の美学と言えば、確かにそれは夢である。滅私奉公である。

　森川達也は、私が当時考えていたことの一端を彼の文章で再生するが、森川自身が予科練派世代であるのかどうかを私は知らない。

彼らの夢、彼らの生き甲斐を最も華やかに表現させてくれる象徴が〈予科練〉への道行きではなかったか。ただ生まれてきて一日も早く成長し、飛行機に搭乗できるだけの身体になることだけが彼らの人生であり、そしてそこで全生活が終わる。むろん彼らには妻や子があるわけではない。父や母、従って子という家庭に対する生活感覚もきわめて微弱であったろう。むしろ彼らには、家庭への感覚の前に、社会ないしは国家への感覚がまず与えられていた。彼らはひたすら、国家のために、その象徴としての天皇のために、いかに立派に、見事に死ぬかということだけを思いつめた。


「昭和初年派」といっても、私はその殿《しんがり》であった。私の予科練生活は、一四歳から一五歳にかけた一年未満に過ぎない。しかし、磯田や森川の指摘したように、私や私の戦友たちの思いはほぼ森川提言に一致していた。

どのように一致していたか。救国のために死ぬ。この一言につきよう。戦局はそこまで迫っていたのである。戦争の深い意味とか、その聖戦の意義など深く考える余裕はなかった。ひたすら、勝って国を守るという一点のみであった。

私は戦後新日本文学会に属したが、縁あって雑誌『近代文学』に「一四歳の軍人」という百枚の作品を発表したのも、まったく自然の成り行きで、このことは森川の提起した内容に合致していた。

私は早くに『波羅掲諦の父』（オリジン出版センター、一九八一・一〇・一五）を書き、また晩年近く『粉糠三合説見聞』という小説を書いた。まさに私小説である。これは、原書房から発刊された（二〇一六・二・二四）。森川説のように強烈な反逆性でもなく、またアウトサイダー的でもないにしろ、私小説には作者の強烈な個性が求められるものである。従って拙作には主題からして当然それなりに私小説的範疇に入るものと私は思っている。

しかし問題はまだある。この本には外に三本の亡妻にかかわる短篇私小説も加えた筈なのに、この三本はなんと「エッセイ」篇だという編集者の一方的な判断で編集されてしまったことである。

私小説とエッセイのちがいの区別、仕分けの判定のこのむつかしさ――一体「ものさし」はあるのか。

辞典のように説明がつかない。作者は私小説だと考えても、編集者にそれが伝わっていないのである。こんなこともあったのである。

芥川龍之介は確か筋のない小説について語っていたことがあったと思う。そんな小説があってもよいのではないかという提言だったように思う。

瀧井孝作の小説は、ほとんどみな私小説である。しかし私小説なのか随筆なのか判定できない、区別がつかない作品もある。筆者が小説だと言えば小説であり、エッセイと言えばエッセイという作者主体の判断がここにはある。

他者である編集者にもこの区別が分からないほど、微妙な問題と言えよう。瀧井孝作は自作の中に「風景小説」だと決めているものさえある。小説集『山茶花《さざんか》』は、新旧とりまぜた作品で、ここには完全な私小説が並んでいる。晩年、著者の捨てがたい思い出のものばかり集めたものに違いない。

純文学の源流は私小説である。ここから物語小説に当然発展するものもある。山本健吉は、瀧井の小説を「刻意の文体」とまで評価している。絶妙な褒め言葉の表現であると思う。

広津和郎が亡くなった時、あの中村光夫は松川裁判に広津が勝利のために力強く加担したあと、表面に出ずまた元の「怠け者」にかえると宣言したすがすがしい態度に「大正期の文学者の、僕らの見落しがちな品格の高さがあります、氏の訃をきくと、哀悼の念とともに、終わりを全うす、という古語がしきりに心に浮かんできます」と戦後の忘れられない文学大論争の相手に毒説（舌）を放ったことを意識してか、極めて謙虚な礼をつくした姿勢があった。

広津は松川事件の裁判後、『泉へのみち』という長編小説を書きあげた。晩年の彼の代表的名作だと私は思う。立派な純文学作品である。

広津和郎の『年月のあしあと』に「葛西善蔵の死」の項がある。病弱な葛西には東京におせいさんやその子供がいる。死を自覚している葛西は田舎の林の中に小屋を作って住みたいと言う。おせいさんや子供も田舎へ連れて行くのか。広津はつぎのように書いている。

葛西の田舎には細君と子供もいた。葛西が十数年前、まだ世の中にみとめられないで、牛込の矢来下から少し引っ込んだ路地裏に、その細君や子どもたちと一緒に住んでいた頃、細君に二、三度会ったことがあったが、ひどい貧乏の中で、黙々として不平も云わずに葛西にかしずいている。都会の女にはむ見られないようなその優しい忍従ぶりに、私は心を打たれたものであった。子供たちも亦葛西と私と話している部屋の隣りの部屋で、眼白押しのように肩を並べて、これもおとなしく黙って座っていた。この細君と子供たちは、細君の実家が良いので、今はそこに引き取られて、子供たちも不自由なく学校に通わしてもらっているということを、葛西から聞いていたが、そこにおせいさんや子供たちをつれて帰って行って、葛西が死んだ後、一体どういうことになるだろう。それをこの男は考えないのだろうか。

このように広津は葛西善三の生活ぶりに驚いている。いや、同時期共に知り会っている嘉村磯多もまた故郷に妻子を捨てて、好きな女をつれて上京して来たという不業績の私小説を書く作家であったのである。

私小説作家はことのほか個性が強烈であり独善的の余り、それは当然の如く、反社会的な存在だと批判されてきている。つまり自分勝手である。むろん反道徳的である。だが人間には自死の行為がある。故に大上段から芥川龍之介の自殺を非難できない。しかし反妻子所業の太宰治の勝手な心中などはむろん反道徳的エゴそのものである。ところが『人間失格』は文学として一等星である。日本文学の大切な財産でもある訳なのだ。

もしも国家が、その社会が巨大な堤防の石垣だとすれば、その石垣の一つの小石が仮に一人の反道徳的作家とすれば、その国家はどうなるだろう。小石の彼が社会的脱落という力によって、どんなに立派な堤防の石垣であっても、堤防の蟻の一穴のたとえの如くいつの日か、崩壊の危険から免れはしまい。しかし、しかしである。

私小説作家は、まともな作家は、逆説として言えば、非常に危険なあたかも薄氷の上で、日日自らまねいた業苦であっても、そのことを承知で生きているようなものである。であればこそ読者に対し、読者にとって満足に近い作品が書けるのである。この生活感覚が必要であり、また重要でもある。つまり堤防の一穴の攻防戦の姿が、作品を通し社会全体への精神的道徳的の緊張と感動を与えるのである。なぜなら読者の心の奥深くにも反道徳への焦がれが皆無ではないからなのだ。捨てきれない無明が冬眠の如く存在しているからである。人間だからだ。

ここに公認の私小説作家の存在意義があることを知るべきである。

齢はとりたくないものだと若い中村光夫の皮肉の苦言も、齢をとってみると、それは皮肉でもなく真理である。自然のことである。そう思えるのである。しかし亀の甲より齢の功を忘れては困るのだ。

平安朝に生きたよみ人しらずの男でさえ、このように齢はとりたくないものだと歌の裏に感じていた筈である。「やさしき」の中にこの男の人生全体が、包含されているのである。

何をして身のいたづらに老いぬらん

年の思はむ事ぞやさしき！

『古今和歌集』よみ人しらずのこの男でさえも、やさしきの自覚があった。あったのでこの歌が作れたのである。まったく無名の作者でありながら、千百拾壱の中にキラッと光った一首の存在であったのである。編集者は、多分自分ごとのように思って、この男の歌を迷うことなく採用したに相違ないのだ。

もの書きとは、作家とは何者であるのか。誰からも頼まれるのでもないのに、何が故に小説なるものを書くのか。書いて、消滅し、無にするならまだ分かるが、あえてこれを世に発表するという「恥」を恥とも思わぬ族《やから》か。

いや、恥の自覚だけは確かにある。よみ人しらずの男は、小説家ではなかった。が、彼の人生全体をかえりみて、やさしきと歌ったからだ。

私もどちらかといえば、この男に近いのである。近いとは……「恥」を恥と思う族の一人であるからなのだ。

私の「私小説論」ともいうべきこの一篇は、まだ世の大地に足がしっかり着いていない人間の姿に似ていよう。

私小説は作家自身のカガミに写った顔と思えば、理解しやすいのではなかろうか。そこに「何」が写っているか……、読者よ！　そうだ。かつての私小説では描けない、描かない社会や国家の権力者が、個人や国民の自由を奪うこの現実を、これからは書くことだ。その点で私は戦前のプロレタリア文学の再評価とその上を行くべきものと考える。新しい私小説とはそういうものである。と、私は考えている。

（二〇二一・一・二〇）

あとがき

年年歳歳知らずここまで来た感じです。なつかしい文学仲間も戦友も亡くなりました。残された私は、今のうちにこのことだけは言っておきたい、書いておきたい思いに駆り立てられました。最初は同時代からの評論でした。つぎが未知谷からの小説でした。最後は私にとってもっとも捨て難い論稿を編集してくださった彩流社よりの『戦争政治家東條英機と近衛文麿』です。

世界史は人類が文明を目指して歩んで来たはずなのに、結果は逆に争いの歴史を記録しつつ、今日現在に至っております。こうした下での本書はきわめて卑小ないち人生の声にすぎませんが、さいわい竹内淳夫氏の篤厚なるご配慮をいただきここに出来《しゅったい》のはこびになったものです。末尾ながら心からお礼を申し上げる次第です。

二〇二四年四月吉日

清水昭三

〔**著者紹介**〕
清水昭三（しみず・しょうぞう）
1930年　山梨県に生まれる。
著 書『西郷と横山安武』『鳥居はなぜ倒れない』『シベリア・グルジア抑留記考』『戦争始まり候とき』（以上、彩流社）、『日本国興亡史談』（作品社）、『夜明け前の物語』（影書房）、『芥川龍之介の夢』『椎名麟三の神と太宰治の神』『男の友情』『粉糖三合説異聞』（以上、原書房）、『日米同盟という妄想』（同時代社）、『如何なるや人倫』（未知谷）ほか。

戦争政治家《せんそうせいじか》 東條英機《とうじょうひでき》と近衛文麿《このえふもまろ》

2024年6月25日　初版第1刷発行　　　定価は、カバーに表示してあります。

著　者　**清　水　昭　三**

発行者　**河　野　和　憲**

発行所　株式会社　**彩　流　社**

〒101-0051 東京都千代田区神田神保町3-10　大行ビル6F
TEL 03-3234-5931 FAX 03-3234-5932
ウェブサイト　https://www.sairyusha.co.jp
E-mail sairyusha@sairyusha.co.jp

印刷・製本　㈱丸井工文社
装幀　佐々木正見

ISBN 978-4-7791-2980-3 C0021

池田純久と日中戦争
978-4-7791-2959-9 C0021 (24·04)

不拡大を唱えた現地参謀　池田知加恵／新谷 卓著

盧溝橋事件当時、現地の作戦参謀だった池田純久は、交渉による解決を強く主張して拡大派司令官と衝突し、左遷される。のち、1945年の「最後の御前会議」に出席するなど、日本の転換点に居合わせた希有な軍人を史料と家族の思い出から描く。　A5判上製　4,000円＋税

増補新版 終戦と近衛上奏文
978-4-7791-2989-6 C0021 (24·08)

アジア・太平洋戦争と共産主義陰謀説　新谷 卓 著

昭和20年2月14日、近衛文麿が天皇に上奏した文章は驚くべきものだった。これには様々な意見——妄想説、陰謀説、賛否両論——が出されてきたが、現在その真相が明らかになった。終章「共産主義陰謀史観の再考」を現代的な事例を交えて大幅に改稿。　A5判上製　4,500円＋税

日独伊三国同盟の虚構
978-4-7791-2825-7 C0022(22·07)

幻の軍事経済同盟　手塚和彰 著

三国同盟は、日独それぞれが短絡的な都合のもとに勝手な解釈を繰り返して成立した。陸軍や一部外交官が独走し、それに同調する無責任体制と意思疎通不足、情報不足と情勢解釈の誤りが虚構の同盟を結んだ。日本の進路を誤らせた同盟の虚構を暴く。　A5判上製　3,600円＋税

貧困と平和についての農民への手紙
978-4-7791-2911-7 C0097 (23·07)

ジャン・ジオノ著／山本 省訳

戦争が平和や自由や平等を生み出すと考えるのは、古来繰り返されてきた世界的妄想である。戦争国家に歯止めをかけるには、自分の丈に合った生活を固持するしかない。ごく控えめな智恵が、世界で最も革命的な思考である。金銭に翻弄されると……。　四六判並製　3,000円＋税

戦争する国のつくり方
978-4-7791-2314-6 C0022 (17·07)

「戦前」をくり返さないために　海渡雄一 編著

秘密保護制度などと同じような法制度（「治安維持法」「軍機保護法」「国家総動員法」等）が戦前にもあった。本書では戦争に向かった歴史的事実を現在と比較し、なぜ戦争を止められなかったのかという反省のもと、今何をなすべきかを考える。　四六判並製　1,600円＋税

シベリア・グルジア抑留記考
978-4-7791-1105-1 C0022 (05·07)

「捕虜」として「抑留者」として　清水昭三著

ヒロシマ・ナガサキ、沖縄だけではない……。60万人が武器も無く、屈辱に耐えて無抵抗で戦った戦場シベリア、そして知られざるグルジアの地！　この歴史の不条理を歴史にとどめる多彩な「体験記」を改めて読み直し、抑留という未解決問題に迫る。Ａ５判上製　3,200円＋税